T0156481

LA AUTOREALIZACIÓN
DE LA MUJER

LA AUTOREALIZACIÓN
DE LA MUJER

Manuel Paredes

Copyright © 2013 por Manuel Paredes.

Número de Control de la Biblioteca del Congreso de EE. UU.: 2013913846
ISBN: Tapa Blanda   978-1-4633-6320-8
                 Libro Electrónico   978-1-4633-6319-2

Todos los derechos reservados. Ninguna parte de este libro puede ser reproducida o transmitida de cualquier forma o por cualquier medio, electrónico o mecánico, incluyendo fotocopia, grabación, o por cualquier sistema de almacenamiento y recuperación, sin permiso escrito del propietario del copyright.

Las opiniones expresadas en este trabajo son exclusivas del autor y no reflejan necesariamente las opiniones del editor. La editorial se exime de cualquier responsabilidad derivada de las mismas.

Este libro fue impreso en los Estados Unidos de América.

Fecha de revisión: 14/08/2013

Para realizar pedidos de este libro, contacte con:
Palibrio LLC
1663 Liberty Drive
Suite 200
Bloomington, IN 47403
Gratis desde EE. UU. al 877.407.5847
Gratis desde México al 01.800.288.2243
Gratis desde España al 900.866.949
Desde otro país al +1.812.671.9757
Fax: 01.812.355.1576
ventas@palibrio.com
469786

ÍNDICE

PRIMERA PARTE
EL ENCANTO DE SER MUJER
Y SUS VICISITUDES

SEGUNDA PARTE
AUTOREALIZACIÓN Y
BUSQUEDA DE LA FELICIDAD

PRIMERA PARTE

EL ENCANTO DE SER MUJER Y SUS VICISITUDES

CAPITULO I

LA MUJER DE HOY

UNA DE LAS cosas más importantes para nosotros los seres humanos en general es lograr nuestros propósitos personales y profesionales que la misma vida exige, para modo de vivir en cierta armonía con los demás, vivir tranquilos y relajados, y conseguir la felicidad que muchas veces para algunos parece ser algo utópico, raro, fuera de este mundo. Para la mujer la tarea es doblemente complicada que para los hombres, debido a que la sociedad occidental ha sido diseñada para la perfecta armonía del varón emancipado sobre la mujer; una sociedad que deja mucho que desear en cuanto a temas enfocados al ser humano, respeto a las oportunidades de crecimiento y de igualdad de sexos se refiere. Vivimos en un modernismo muy avanzado, sobre todo porque la ciencia y la tecnología crecen y se mueven cada día hacia caminos insospechados mostrando cada vez más de lo que el ser humano es capaz de crear. No obstante, tal crecimiento ha resultado desigual desde que, en general, el ser humano como tal ha quedado muy atrás en las aspiraciones para un desarrollo y crecimiento pleno de sus potencialidades en base a la igualdad de derechos entre los sexos en nuestra sociedad. Muchas veces la supuesta equidad de derechos entre el hombre y la mujer figura solo en el papel, pues en la realidad se juegan otras reglas no tan explícitas, pero muy sobreentendidas entre la clase masculina. Y si bien las mujeres no se han dado por vencidas en esta pugna desigual, es menester hacer saber que la lucha por un lugar justo y merecido en la sociedad es a veces una lucha que se fragua en el descrédito y la desesperanza. Pese a los conceptos nuevos respecto de la mujer y del hombre en la sociedad moderna, de las legítimas aspiraciones de acceso a todo tipo de privilegios es en cierta forma un sueño en muchas culturas aún, y en otras más se ha convertido en la expectativa esperada por años y que parece no tener un fin justo y equitativo. No obstante, el horizonte siempre muestra un camino y una luz a que se convierten en la guía para la mujer actual en su denodado esfuerzo por ganarse un lugar en la comunidad y lograr su autorealización como mujer, como profesional, trabajadora, madre, hija, esposa, etc., y todos los papeles que le son asignados y/o asumidos en la familia y la sociedad. Ahora bien, ¿qué nos hace suponer que el hombre actual logrará vencer los prejuicios implícitos de su supuesta superioridad sobre la mujer? Y otra cosa más, ¿cómo se las arreglará la mujer ante la amplia desventaja que como sexo femenino le es heredado culturalmente para salir adelante con sus proyectos de mujer moderna capaz de alcanzar lo que se propone y de ocupar cualquier cargo que se proponga? Es obvio que el tamaño de este proyecto es enorme, y aún quedan no tan solo vestigios de una cultura machista, sino esfuerzos magnánimos por no dejar huecos a la participación de las mujeres en igualdad de circunstancias en muchos campos del quehacer humano. A pesar del amplio desarrollo en muchas áreas del saber humano, el área de los prejuicios y la discriminación, la subestimación de las capacidades de la mujer son papeles tristemente muy arraigados en la cultura occidental, con acentuación en ciertas partes y regiones del mundo. La mujer de hoy es ante todo un ejemplo claro y consistente de perseverancia, de grandes deseos y aspiraciones, de tenacidad y esfuerzo, y no tan solo para demostrar a su contraparte de lo que realmente es capaz de lograr, sino de mostrarse a sí misma de sus alcances, de lo que es asequible a su capacidad y entendimiento en la consecución de metas de toda índole, aún remando contracorriente. Posiblemente las mujeres no tengan control de lo que los varones poseen en su esquema de comportamiento y, peor aún, quizás desconozcan sus propias potencialidades que como cualquier otro ser humano poseen. Sin embargo para muchas féminas no hace falta un conocimiento mayor para entender que ambos sexos, por igual, tienen las mismas posibilidades que como seres humanos son capaces de poner en marcha, y en la misma manera lograr y crecer como personas con sueños y deseos. Es triste que aún hay hombres que piensan en la supuesta "debilidad" del sexo femenino, y que bajo este concepto erróneo guíen su comportamiento en los diversos sectores de la vida en común. Pero, ¿qué es lo que puede hacer la mujer ante nuestro desigual e injusto mundo que atenta contra su dignidad como persona? En realidad, la mujer de hoy apunta a un cambio en la sociedad en general. Y dicho cambio está viéndose reflejado en su participación en casi todos los sectores de la comunidad, lo cual ha resultado de un esfuerzo en común por la igualdad de derechos e intereses, no obstante la presión de algunos focos de resistencia que se oponen implícitamente con sus actos a la igualdad de hombres y mujeres en las sociedades. Y probablemente la resistencia al cambio de algunos hombres se deba precisamente a las mujeres que no efectúan cambios importantes en sus propias vidas, y prefieren mantener el conformismo de ser solamente "las mujeres de sus esposos" que alguna vez aprendieron perfectamente bien de sus propias madres. Esta actitud de muchas mujeres alimenta el machismo que tanto daño hace a las damas en general. Sumándolo con lo anteriormernte dicho, las féminas de nuestro tiempo enfrentan una variedad de problemas y dificultades, algunas de origen cultural como lo es el machismo señalado en línea anteriores, pero tambien aspectos psicológicos y emocionales, experiencias traumáticas del pasado, violencia doméstica entre otros más que veremos mas adelante. Antes de ello, analizaremos en este capítulo algunos puntos importantes respecto de las necesidades del alma y del corazón que todo ser humano contiene, y después haremos una descripción de las grandes gracias y bondades que Cristo le ha dado a la mujer.

LA NECESIDAD DE AMAR

La necesidad de amar y de ser amado es una condición inherente del ser humano. Es una necesidad primaria y, aunque usted no lo crea, necesita ser satisfecha, de lo contrario el ser humano perece; desfallece en su sonrisa, la cual se vuelve rígida, sardónica; es cuándo el corazón comienza a latir por inercia, con causa vegetativa; tan solo latir por latir, sin vida y sin esperanza. Los ojos, otrora espejo de su alma, ahora no son más que como dos focos apagados y sin luz propia debido a que el amor no está presente. Ha muerto la capacidad de dar y de recibir, y entonces ha muerto en vida y sin mayor concierto, en plena soledad, más sola que nunca. Ese amor que retiras de tu vida, que no aceptas por temor a ser dañada; ese amor que te asusta por tu magna desconfianza contra el otro; suspicasia que, aún y con todo lo que te ocurre, defiendes a capa y espada, y muchas veces con un orgullo tan indefendible como imperfectible. Así, el amor se va; no encuentra su depósito natural: tú mísma, por que le temes, y en ese temor lo asustas y no sabes como retenerlo; observas que se va y eres incapaz de retenerlo, y todo por ese maldito orgullo que te destroza el alma, pero que paradójicamente defiendes; te mata la idea de darte al otro; te aterra amar por que temes perder y/o perderte en ese amor, pero tienes una amplia necesidad de hacerlo, de sentirlo. Quizás por eso mueres cada día; poquito a poquito; un trozo de ti se esfuma y nunca vuelve pertenecerte. Entonces vuelves tu mirada al horizonte, como buscando una respuesta a tu vaciedad. Ese amor que no se ha encontrado por lo que tu quieras decir o creer, eso no importa, porque el final es el mismo, un amor que se ha alejado, seguramente porque lo has menospreciado frente a otros, pero en la intimidad contigo misma deseas, aspiras y te mueres anque sea solo por un pedacito. Ya seas hombre o mujer, la necesidad es la misma; el hambre de amor es exactamente el mismo; el corazón suspira por igual sin importar el género. Entonces, si el amor se ha ido de ahí por razones que desconoces, búscalo sin miedo de encontrarlo; adóptalo para que la vida vuelva contigo y no se vaya nunca jamás. Conviértete en su cómplice número uno y llena tu alma con su maravillosa magia. ¡Abre tu corazón, desnúdalo, expónlo sin temor a perder! Te aseguro que no perderás absolutamente nada. Por el contrario, ganarás mucho cuando te descubras a ti mísma y veas las potencialidades amatorias que hay dentro de ti, muy dentro de ti. Es entonces cuando la resurrección será una realidad para tu ser, y no un mito como muchos incrédulos opinan. La necesidad de amar es un punto muy sensible del ser humano que puede edificarse en forma sana, o bien ser afectado en su expresión. La sensación hermosa que una mujer experimenta al sentirse amada por un varón, y que además de todo la respeta y dignifica es un valor muy grande que permite el libre flujo de emociones y sentimientos para que también ella pueda entregar parte de su intimidad, un pedazo de su corazón en la medida de que tal correspondencia sea ecuánime y balanceada. En ocasiones, la necesidad de amar es tan grande que la mujer se desboca y entrega todo su ser al supuesto enamorado, cuando éste apenas se da por enterado de lo que ocurre. Seguramente muchas mujeres, en su afán de atrapar a su príncipe azul se ofrecen al primer postor que se les adelanta con unas palabras bonitas y unas atenciones de ensueño que hacen que las damas caigan a la primera, y sin saber realmente de quién se están enamorando. Y si bien, la capacidad de amar y ser amado gira en ambos sexos por igual, es menester hacer saber que, en el caso de las mujeres el amor llega de distinta forma. Mientras que en los varones el sentimiento le es arrebatado en gran parte por el sentido de la vista apuntando a lo meramente configurativo, y un tanto alejado de esencias del alma, para las mujeres, en cambio, el amor les nace por el oído y a una distancia muy corta de su corazón sin importar tanto la apariencia. Cuando una mujer mira a un hombre, lo hace directamente a sus ojos tratando de acceder a su interior, mientras que el hombre dirige su vista al cuerpo de ella quedándose con el exterior. Estas variaciones en las posturas de los sexos son importantes porque en ellas se circunscriben las diferencias de género en la reciprocidad, mutualidad y confianza en la relación con el sexo opuesto. En cualquier caso, sin importar el conducto que se utilice para penetrar en los corazones, una vez allí la persona cambia su vida, sus expectativas, sus planes futuros y hasta su modo de actuar. Otro ser renace y se apodera del fuero externo. Es lo que denominamos comúnmente como enamoramiento. ¿Y que hay de la mujer que se enamora perdidamente por un hombre, cuál es la química inicial y por qué ocurre el fenómeno del enamoramiento? Bueno, primero tienes que preguntarte si estás realmente enamorada del hombre del cual dices estarlo. Es importante clarificar que es el amor y que es el querer. Se dice que en el amor se sufre y se está dispuesta al sacrificio,en cambio en el querer se goza sin compartir nada a cambio,el placer por el placer sin sacrificio alguno por nada ni por nadie.

EL HECHO MISMO DE AMAR

Si en verdad estás enamorada y crees haber encontrado el amor que has esperado desde siempre, entonces algo maravilloso debiera estar sucediendo en tu vida. Seguramente sueñas con él, de modo que tus sueños ya tienen un protagonista. También tus ensoñaciones están impregnadas de él; tu imaginación se restringe a un solo deseo, el de sentirte amada por ese hombre que consideras desde ya tu príncipe azul. Cuando lo dejas de ver por un tiempo razonable tu corazón lo demanda, y es que para el amor la razón se pierde y toda lógica y sentido común se desvanecen cuando se entrega el corazón. Así que cuando estás con el amor de tu vida, como tu lo llamas, todo dolor y preocupación se reduce, o inclusive desaparece mágicamente. Lo deseas, lo necesitas y no te hace bien dejarlo de ver por algunos días. Tienes la urgente necesidad de tenerlo junto a ti para que te susurre palabras lindas al oído, que te abrace y te haga sentir protegida, suya y bien amada. De hecho, lo has soñado como el padre de tus hijos, y estás convencida de que él es el hombre de tu vida. Ríen y lloran juntos por las cosas de la vida, por las cosas buenas y por los dramas personales. Pero tu felicidad es evidentemente mayor que tus penas y sufrimientos. Las pocas diferencias entre ambos se diluyen en ese amor tan grande, por lo cual sientes que nada ni nadie podría acabar con lo hermoso del sentimiento que experimentas. Con todo ello, él parece estar marcado por tu prescencia; se ha vuelto loco por ti. Te ama profundamente, y nada ni nadie le importa más que tú. Una mujer enamorada es capaz de cualquier sacrificio porque su amor es limpio, auténtico, es profundo porque su corazón está de por medio y, por tanto es un sentimiento que libera, que desata, que deja ser y permite amar sin condición. No obstante, ese amor tan grande provoca cambios importantes en el grupo social, con las amigas más íntimas y con el resto de las personas con las que habitualmente se interactúa. La mujer se vuelve retraída, concurre menos a las actividades de su grupo social y frecuenta menos a sus amistades. Su vida gira en torno a su hombre, al amor de su vida. Es por supuesto una mujer enamorada. Además de todo esto, ésta mujer colgada de las nubes es prácticamente otra persona, ha dejado de ser y muchas de sus amistades la definen como "diferente", y hasta dicen desconocerla. ¡Y es que el amor ha llegado a su vida y se ha enamorado profundamente y eso la ha cambiado! Si piensas estar enamorada o crees estarlo y no has experimentado lo anterior, entonces es probable que todo sea una ilusión en la que te cobijas para sentir la seguridad y el amor de un hombre en tu vida, pero solo es eso, una ilusión. Por ello debes saber que, si aún no sientes que el amor toca a tu puerta, puede ser que no sea tu tiempo. Puede que este ahí, lo estés amarrando y no lo dejas expresarse. Sientes que debes mantenerlo a tu lado cada momento hasta asfixiarlo y dejarlo sin vida. Puede que sea cualquier cosa motivo de reflexión y de autocuestionamiento, lo que en todo caso debes saber es que la base de una relación de amor, de un verdadero y auténtico amor, está en el ofrecimiento mutuo de los corazones, en la aceptación y comprensión recíproca, y en el gozo que se experimenta al saberse presente e importante en la vida del otro. Y esta relación de amor, inclusive, no necesariamente tiene que ser de pareja o de novios. Puede ser una relación entre amigos del mismo sexo, entre un niño y su tía, etc. No importa con el quién ni el dónde, lo importante es el darse mutuamente en forma incondicional, ofrecer el corazón y abrirlo a la persona con la que sentimos esa confianza especial. Cuando tu respondes con valor y sinceridad, sin los prejuicios insanos que la cultura nos impone en nuestros esquemas personales y que, además de todo, asumes el control de los traumas ocurridos en tu infancia que han afectado tu capacidad de amar, entonces el amor viene facilmente, y el señuelo eres tú misma, desde que proyectas un ser humano revestido de honestidad, ternura, comprensión, apego, respeto, y sobre todo que te conviertes en una fuente de inspiración y confianza. No desaproveches la oportunidad de dar amor, porque al darlo creces espiritualmente y te conviertes en un proveedor de lo que muchos carecen o andan mendigando, es decir, en una verdadera amiga capaz de dar amor sin nada a cambio. Trata de ser esa persona que otros necesitan, una fuente de cariño que alguién urgentemente está buscando para sentirse bien; intenta ser una fuente de motivación para otros para que tu propia vida tenga sentido; ser dador y benefactor antes que receptor. Piénsalo bien, la oportunidad está en tus propias manos. Atrévete a cambiar. Muy posiblemente si este cambio opera en tu persona, el verdadero amor llegará a tu vida cuando menos lo pienses. Esto es particularmenre cierto inclusive para aquellas mujeres que han pasado por descalabros amorosos, las mismas que se cubren de una desconfianza generalizada hacia los hombres afectando su capacidad de entrega y de establecer vínculos amorosos. Pero el amor siempre renace en nuestros corazones, y siempre lo hace con renovados bríos, más maduro, estable y consistente. Solo tienes que darte una oportunidad de renovarte, despojarte de todos aquellos agentes extraños alrededor de ti que te estorban, de tu presente materializado por el mundo y carente de fe, así como de tu pasado corroído por el pecado que no te favorecen en nada. En Proverbios Capítulo 3, versículos 5 y 6 la palabra del Señor dice "Confía en el Señor con todo tu corazón, y no te apoyes en tu prudencia. En todas tus empresas ténle presente, y Él sea quien dirija todos tus pasos". Dejar que Dios te lleve de la mano para lograr un cambio en tu persona haciendo a un lado tus propias habilidades de autosuficiencia, es mostrar una actitud de humildad y obediencia, como Él lo enseña. Si deseas un cambio radical en tu vida, una renovación de tu espíritu, debes seguir al pie de la letra lo que el Señor te invita en esta palabra.

LA BELLEZA Y FORTALEZA DE UNA MUJER

En verdad, siempre es un honor tener la maravillosa oportunidad de escribir teniendo como punto de inspiración al bello, fuerte y hermoso sexo que Dios creó para completar su excelsa obra en la creación de todas las cosas, del universo, de nuestro sistema solar, nuestro planeta, los animales y las plantas, los cielos y la tierra y, por supuesto, sin afán de ser reiterativo al ser mas lindo sobre la tierra: la mujer. ¿ Y por qué es un honor ? Hasta la pregunta es necia. Es un honor porque, en primer lugar, de una mujer nació Cristo nuestro Dios, y esa mujer llamada María es la representación de la pureza y virginidad, del amor más grande y profundo que una mujer puede experimentar por sus hijos y de los grandes sacrificios que siempre está dispuesta a realizar por ellos. Toda mujer debe identificarse con María nuestra reina, a la que veneramos con mucho respeto y amor, y a la que siempre pedimos para que interceda por cada uno de nosotros en nuestras necesidades ante su hijo Dios nuestro Señor. Por esta poderosísima razón siento un placer y un orgullo, y a la vez una responsabilidad muy grande de plasmar de la forma mas honesta, humilde, puntual y congruente las palabras que el corazón me dicte en torno a la belleza interior que circula en los corazones de las féminas e inunda a todo ser a su alrededor. Me es muy grato, además de justo, resaltarle las cualidades y atributos, algunos de ellos inexistentes en el sexo masculino por cierto, porque la mujer es un depósito directo de grandes talentos que Dios le provee para cumplir su misión aquí en la tierra. Justamente por eso considero que la belleza de una mujer debe ser resaltada con la observancia de que su esplendor debe medirse de dentro hacia afuera, y concluirla con toda la amplia gama de distintivos y emblemas que muchos hombres necios aún se niegan a reconocer.

Si usted le pregunta a una jovencita de quince años el significado de la belleza, seguramente ya sabe el tipo de respuesta que obtendrá. Pues de la misma forma, muchas personas no tan jóvenes tienen el concepto de belleza que va de lo de afuera, es decir, de la fachada y hasta no muy lejos de allí, deteniéndose en ocasiones ligeramente en ciertos atributos de inteligencia y cualidades de comunicación, si bien les va a las damas, barnizando con eso la supuesta belleza interior. Eso es lo típico de los certámenes de belleza femenina. Y para muchos esa hermosura nos resulta suficiente, como si tuviésemos aún quince años, para llenar la contestación a esa pregunta. No imaginamos más allá, de pronto tenemos aciertos pero las omisiones son mayores, más aún los conceptos érroneos reaparecen con frecuencia, y el concepto que nos llevamos de la belleza es solamente la del cascarón, es decir, la de afuera. Sin embargo, es menester considerar y resaltar algunas esencias exclusivas de las damas, ciertos atributos que no comparten con el sexo masculino porque le son propios a su condición de mujer, y que por lo cual la convierten en un ser verdaderamente bello y sublime, además de agraciado y muy bendecido. Y esa belleza es la que quiero compartir contigo.

ESENCIAS DE LA MUJER

Toda mujer posee ciertos atributos y capacidades que Dios le ha provisto desde su creación, cuando puso a dormir a Adán para sustraerle una costilla del costado izquierdo muy cerquitas del corazón (Génesis Cap. 2, Versículos 21 y 22), y crear a Eva con toda la gracia y esplendor que solo puede provenir de Él, nuestro Dios Padre. La eventual salida del paraíso que Dios creó para ambos, y que le conocemos como El Jardín del Edén, constituyó un evento que nos marcó a todos los seres humanos como pecadores, convirtiéndonos en herederos del pecado original en que incurrieron Adán y Eva, nuestros primeros padres terrenales, al desobedecer las órdenes del Creador de no comer del fruto del árbol de la vida. Como ambos pecaron bajo las mismas circunstancias, fueron expulsados de ese paraíso en forma inmediata (Génesis Cap. 2, Versículos 4 al 23). Desde entonces la mujer conoció una esencia que Dios le tenía preparado, las más hermosa capacidad en todas las mujeres que es la de dar a luz a una nueva vida, la capacidad de quedar embarazada, que un nuevo ser se desarrolle dentro su seno, para que finalmente después del tiempo que Él dispuso de a luz a un ser humano, a un nuevo ser y un milagro maravilloso de Dios.

LA CAPACIDAD DE PROCREAR

Cuando usted mira a una mujer embarazada, sea su esposa, hermana, parienta suya o cualquier otra sin importar su nexo familiar con ella, no le queda mas remedio que dar tributo al sexo femenino por esa capacidad tan grandiosa que Dios le encomendó desde el principio de la creación. Si usted es mujer debe saber que la bendición más hermosa de todas las de su género es la de dar vida dentro de sus entrañas a otro ser humano. La capacidad de procreación se hizo extensiva a todo organismo del género femenino, con sus contadas excepciones, de tal manera que esta maravilosa gracia nos provee del milagro de amor que Cristo nos regala con la concepción, desarrollo y nacimiento de un bebé al mundo. La portadora de esta grandiosa capacidad se llama mujer. Lo que no entiendo, y nunca nadie me ha explicado de forma convincente desde todos los puntos de vista es que, aún y a pesar de esta capacidad que Dios le dotó a la mujer, además de otros, es que a ella misma se le haya llamado el sexo débil. Este equívoco cultural no tiene ningún sustento desde ningún ángulo conceptual, y sin embargo la errónea idea ha persistido desde tiempos inmemoriables, y la pregunta es que si con esa capacidad de procreación provista por Dios Padre para cada mujer, ¿cuál razón poderosa, que le asista la inteligencia del hombre, existe para que una mujer sea estigmatizada como perteneciente a un sexo débil, si en ese supuesto cuerpo frágil y delicado se ofrece el maravilloso milagro de la procreación humana y que Dios dispuso de forma perfecta? Había estado pensando en ello durante cierto tiempo, y cada vez confirmo la sospecha, no tan solo mía sino de mucha gente ahora, de que esa frase peyorativa hacia el sexo femenino haya sido una producto del sistema machista que dominó nuestra "civilización" occidental durante siglos, estableciendo un régimen social y de familia en la cual el varón mantenía la supremacía sobre la mujer en todos los niveles de la vida tanto pública como privada. Por fortuna, todos estos prejuicios han ido desapareciendo gradualmente en las sociedades modernas dando lugar a una mayor participación cuidadana en muchas áreas de la vida en sociedad, como ya tuve oportunidad de señalarlo antes, pese a ciertos rezagos por supuesto. Y pienso que en la actualidad muy pocos se atreverían a calificar a las damas como personas débiles, so pena de ser catalogados, en forma justa por cierto, de ignorantes y retrasados culturalmente.

La capacidad procreadora la establece nuestro Padre en la mujer por alguna razón especial que dista mucho a nuestro entendimiento. Pero en esa capacidad la mujer sirve de instrumento para que un milagro de Dios se sucite cada día en todas partes del mundo. La mujer desarrolla un sentido de ternura y protección únicos durante la etapa de gestación. El embarazo propiamente dicho tiene una duración aproximada de nueve meses desde que se produce la concepción hasta que el bebé nace. Y en todo ese tiempo la mujer le provee al producto todos los nutrientes necesarios para su desarrollo óptimo. El embarazo produce en la mujer sentimientos de ternura y amor profundos hacia el bebé que se gesta en su vientre. Se vuelve mas sensitiva al estrés del contexto y desarrolla un instinto de protección especial en torno a su hijo que, incluso, aún no ha nacido. Muchas cosas que antes no tenían sentido, ahora cobran vital importancia. El ánimo por la vida se intensifica y un enorme deseo por vivir se apodera de ella. El niño en su vientre le cambia la vida por completo, y es tan solo el principio de un nuevo cambio que se volverá permanente. El maravilloso ciclo del embarazo incluye la preparación de la nueva fuente alimenticia y el suministro de todos los maravillosos ingredientes que su hijo necesitará al nacer, nutrientes imposibles de reemplazarlos por ninguna fórmula creada por el hombre. De ahí lo especial de la capacidad procreadora, la cual se hace extensiva hasta tiempo después del nacimiento.

LA CAPACIDAD DE AMAMANTAR

Resultado del funcionamiento glandular respectivo debido al embarazo ocurrido en la mujer, aparece en su cuerpo una hermosa y admirable capacidad: amamantar a su bebé a través de sus senos. El periodo de lactancia es un lapso de importancia sustantiva para el desarrollo integral del bebé. Su inicio aparece antes de que el bebé nazca, pero se pone en marcha con su nacimiento, puesto que el nuevo ser requiere de la leche maternal (o de las fórmulas elaboradas por el hombre que la sustituyen en casos de ausencia de leche en las mamas de la madre, o por otras razones distintas) para subsistir. En los casos de mujeres sin ningún impedimento físico para amamantar a sus bebes, una buena actitud hacia esta capacidad que Dios le ha dado le permite sacar provecho beneficiando principalmente a su hijos, debido a los altos nutrientes contenidos en la leche materna y que son requeridos para el desarrollo de los anticuerpos necesarios para el desarrollo de un resistente sistema inmunológico, efecto que no se produce con la leche a base de fórmulas.

Por otro lado, la alimentación a través del pecho materno le transmite al hijo apropiarse no tan solo de los nutrientes vitales para su buen desarrollo físico, sino que también lo dota del amor y de la seguridad indispensable para un bebé en desamparo total, a no ser por la prescencia de su madre. Esto significa que la relación madre-hijo vía pecho materno establece una relación de amor y ternura, variantes que el niño requiere para el sustento psicológico sano. Está probado científicamente que el niño que no recibe pecho materno es más propenso a la ansiedad y la neurosis. Es un sujeto más inseguro e inestable emocionalmente que los niños que recibieron leche materna en su período de lactancia. Además, el vínculo que se forma entre ambos made e hijo, es psicológicamente muy importante para el desarrollo de una personalidad sana y bien estructurada. Con esto sabemos ahora que la capacidad de amamantar es fundamental para un desarrollo sano desde el punto de vista físico y psicológico. Además de todo es un deleite a la vista, un verdadero poema observar como una madre alimenta con su pecho a su propio hijo. En verdad esa es una belleza maravillosa, un cuadro sublime y extraordinario;

un escenario que refleja el verdadero amor de una mujer, lo excelso de su capacidad porque con ella misma se satisfacen una cantidad inumerable de necesidades primarias necesarias para sobrevivir en el nuevo e inhóspito mundo para aquel nuevo ser indefenso. Solo un ser humano en el mundo terrenal puede dar albergue a toda la amplia gama de necesidades físicas, emocionales y afectivas que el bebé necesita, y esa persona es la madre. No es la enfermera, la nodriza o la abuela, ni mucho menos el padre quienes solventarán éstas necesidades en forma satisfactoria en el niño, solo su madre biológica, la que lo engendra porque en ella se inscriben las potencialidades del proceso completo de ese gran milagro que Dios posibilita en cada mujer. Esto es en verdad una de las bellezas-esencias en la mujer más espléndidas y admirables. Si al leer lo anterior, que es de sobra conocido, aún le queda la duda de la fortaleza de la mujer y de su incuestionable belleza, entonces la lectura de nada le ha servido. Mejor pare aquí. No tiene sentido seguir leyendo lo que para su corazón es muy complicado de aceptar, y que Dios me lo bendiga. En caso contrario, siga su lectura hasta terminar el libro, y acabe por confirmar la belleza y capacidad de la mujer.

CAPACIDAD DE ESTABLECER UN VÍNCULO PRIMARIO AFECTIVO CON EL INFANTE

Vínculo emocional podría sonarle algo muy especializado y hasta confuso, aún más para el caso en el que estamos tratando de describir las capacidades-esencias en la mujer. La madre durante su embarazo desarrolla una relación muy especial con su hijo en su vientre, relación que se fortifica al paso del tiempo y que culmina con al alumbramiento. No obstante, después del nacimiento deviene esa relación en forma drástica modificándose enormemente en intensidad.

En la relación madre e hijo el vínculo que se establece a través de la alimentación vía pecho materno es de una naturaleza muy intensa y necesaria para la estabilidad emocional y afectiva del bebé, y es un determinante en la formación de la estructura de la personalidad y comportamiento del sujeto en general. En los primeros días y semanas el bebé no reconoce otra figura que no sea la madre. Pasará algún tiempo antes de que el padre comienze a tener sentido para el hijo, y eso es debido a su proceso de maduración y desarrollo. Alrededor de los ocho meses de vida, el nuevo ser comienza a experimentar un fenómeno llamado constancia del objeto, es decir que la figura del padre empieza a formar parte de su esquema mental, o mejor dicho es ahí cuando el papá comienza por existir en la vida mental de su hijo. Y durante todo este tiempo hasta antes de este fenómeno, en su esquema mental el sido la madre el único ser ligado emocionalmente a su hijo por razones naturales. Esta increíble capacidad que la mujer posee le permite completar las necesidades afectivas y de seguridad en su propio hijo, necesidades que de otra forma quedarían acéfalas provocando un desajuste psicológico irreversible en el sujeto. He aquí otra de las capacidades que de ninguna manera podrían ser atribuibles a un sexo denominado débil. Mas por el contrario, la mujer es un ejemplo de una gran fuerza de voluntad, de una determinación inquebrantable y una fuerza interior definida. Todas estas circunstancias son necesarias para que entonces esa mujer pueda convertirse en la proveedora del alimento físico, de la ternura y el amor, de la seguridad y la protección que su hijo requiere para su desarrollo sano. Debido a que el niño es un ser indefenso desde que nace hasta mucho tiempo después, requiere de un lazo afectivo que le de abrigo y seguridad. Algunas personas piensan que lo que necesita solamente un bebé al nacer es solamente la alimentación consistente en la leche materna o la de alguna fórmula especial. Por supuesto que eso es básico e indispensable. Sin embargo, el nuevo ser necesita de muchas otras cosas que son esenciales para vivir y convertirse en una persona sana en forma integral, física, psicológica y emocional. El niño trae consigo todas estas necesidades en sí mismo, circunstancias que no fueron requeridas durante su estancia en el vientre de su madre por la sencilla razón de que allí adentro se le alimentó en forma natural, y ese ambiente era de una temperatura adecuada para mantenerlo calientito y seguro. Entonces la necesidad del vínculo es cuando nace, en el momento que no tiene esas condiciones de vida y que tiene que alimentarse por sí mismo succionando leche de la mama o del chupete; tiene que adaptarse a la temperatura del ambiente, y hasta tiene que respirar por sí mismo cosa que no hacía en el vientre. Ante tales cambios tan bruscos, el niño al nacer enfrenta un verdadero trauma, como bien lo decía Otto Rank un psicoanalista de la vieja ola. Y con dichas condiciones un bebé requiere necesariamente de su madre quien pueda sobrellevarlo gradualmente, quien pueda vincularse a su persona, ser la extensión de lo que fue en el vientre para que pueda madurar en las mejores condiciones. El vínculo que establece una madre en este punto y la calidad del mismo es vital para su hijo. Los buenos vínculos desarrollan hijos sanos mental y físicamente por supuesto. Cuando el vínculo es pobre es porque el deseo en la madre está debilitado u obstaculizado, o bien ella ha muerto y nunca estará a su lado para prodigarle su amor, o por alguna razón está ausente los primeros días y semanas de nacido el hijo. Las consecuencias de dicha condición son aterradoras. Como producto de ello los hijos desarrollan enfermedades en forma más recurrente, son más propensos a enfermarse ante cualquier circunstancia. Debido a que su organismo no ha desarrollado los anticuerpos que la leche materna le provee, y que la leche de fórmula no contiene, entonces los niños sufren más físicamente de enfermedades en términos generales, su sistema inmunológico es débil y precisa de muchas de las defensas necesarias para enfrentar las luchas de la vida. Por otro lado, los efectos de la relación madre-hijo pobre o inexistente crean problemas psicológicos en torno a la establidad emotiva. Los niños suelen ser más inseguros y ansiosos como lo mencioné antes. La necesidad de apegarse a alguién se convierte en una necesidad neurótica y persistente que dura toda la vida. Los hijos son propensos a la depresión y la melancolía, y sienten un vacío interior que necesita ser llenado con afecto y amor que muchas veces es una condición irresoluble. Se vuelve un ciclo enfermizo de experimentar y abastecerse de sustitutos de amor para cubrir sus huecos personales. En ocasiones sobrevienen las patologías mentales y los síntomas de un ser que lleva consigo una carencia de amor y de cariño que en su momento no se cumplió de la forma adecuada. Todo eso indica la capacidad y la importancia sustantiva del vínculo de la madre con el hijo y lo indispensable de esta relación para el bienestar integral del nuevo ser.

EJE VECTOR DEL AMOR EN EL HOGAR

Todo hogar, ya sea funcional o disfuncional, conforma una estructura y dinámica especial en la que se involucran todos los miembros que la componen. Las jerarquías y los roles de cada quien juegan un papel importante para cada uno y en forma recíproca. Dentro de ella se inscriben dos vectores importantes sobre los que giran las historias y dramas, las expectativas, sentimientos y comportamiento en general. Una tiene que ver con la regla y la autoridad la cual es referida al varón desde el punto de vista cultural. Esto sigfnifica que el hombre en el hogar simboliza y ejerce el poder, la regla bajo la cual se rige la conducta de los hijos. La otra es la del amor propiamente dicho, y en ésta a la mujer le es dado un papel primordial sobre esta capacidad-esencia que tiene como base su naturaleza intrínseca como procreadora y productora de vínculos primarios con su progenie, es decir, que el amor que brota de su corazón en torno a su decendencia posee una base biológica y que después se inserta en la cultura. A diferencia del varón en la que la autoridad le ha sido heredada por la cultura, en la mujer el amor intenso por los hijos se desarrolla en forma natural a partir del embarazo y permanece por siempre; nunca desaparece, antes bien se intensifica al paso del tiempo. Al mismo tiempo, y aunque no le ha sido extendida por la sociedad y la cultura, la mujer tiene la capacidad de insertarse en el papel de la autoridad cuando le es requerida cumpliéndola a cabalidad sin menoscabo del amor. Esta circunstancia propia de las mujeres las convierten en seres extraordinariamente fuertes, y las preparan para cualquier eventualidad, desastre, pérdida de un miembro familiar, crisis económica, emocional o psicológica en el hogar, etc. Lo que las hace particularmente resistentes y firmes en sus actos y disposiciones es justamente la base de amor que ha surgido de forma natural en su ser, y quizás eso es lo que convierte a la mujer en el adalid del hogar, desde luego sin demeritar la función del varón. Cuantas veces no hemos escuchado expresiones tales como "la que manda en el hogar es la mujer" o "sin una mujer en el hogar todo es muy aburrido". Bueno, no se trata de una guerra de sexos, simplemente hacer valer que el sexo débil es una utopía, la falsedad mas grande que el varón ha inventado para su beneficio personal a través del tiempo. Cuanta falsedad en ese slogan grotesco y discriminatorio atribuido a las mujeres. Y tanta ignorancia que para muchos (y para muchas también tristemente) este mensaje resulta cierto en pleno siglo veintiuno. La mujer, protadora de belleza, capacidad y al mismo tiempo probidad e integridad, es un ejemplo de lo que Dios ha deseado para nosotros. No podemos hacer menos a quien muestra todas estas capacidades y hermosuras que penetran hondo en cada corazón sea hombre o mujer a través de nuestras propias madres biológicas. Como negar las capacidades que poseen aquellas que nos trajeron al mundo y nos revistieron del amor indispensable para convertirnos en ciudadanos sanos y responsables; como negar a la madre de Dios nuestra Virgencita de Guadalupe, elegida por Dios padre para colocar al Emmanuel, Dios con nosotros, en su cavidad corporal de donde habría de nacer Cristo Jesús, nuestro Rey y Señor de Señores. Como hacer menos a quienes Dios les ha otorgado las capacidades necesarias para ser protegidos y abrigados bajo su amparo en la figura de la mujer, capacidades que los hombres no poseemos ni por equivocación. De que forma y con que cara les puedo decir a las damas que ellas pertenecen a un sexo débil solamente porque así lo dice la tradición, sin siquiera ponerse a analizar a fondo la falsedad de ésta aseveración. ¿Quién se atreve a llamar débil a la Madre de Dios? Ahora, imaginese que sería de la familia sin la mujer, sin el amor básico, sin su protección llena de ternura y gracia que le otorga a sus miembros, en especial a los que procrea, pero sin limitarse a ellos. La mujer es algo más de lo que nuestros ancestros creyeron, y ella merece nuestro reconocimiento y su homologación como ser humano con habilidades al nivel de los varones, y además con capacidades que le son propias como mujer y que son fundamentales para el desarrollo, estabilidad y armonía del ser humano y de la familia. Como hemos podido advertir, el sexo femenino es todo un baluarte en la sociedad, el bastión inmerecido e injustamente no reconocido por muchísimo tiempo, pero que sin embargo ha comenzado a surgir guarneciéndose su corazón contra el oprobio que no desaparece nunca, y buscando su importante lugar a lado del hombre que merecidamente le pertenece en la sociedad.

CONCLUSIONES

La indiscutible belleza de una mujer hoy en día, va aparejada con sus amplias capacidades intelectuales que la convierten en una verdadera protagonista de su mundo capaz de lograr las metas y propósitos por complicados y difíciles que parezcan. Nada ni nadie detiene el camino de la mujer en los albores del siglo XXI de lograr su extensiva realización como ser humano y como ciudadana de una sociedad que en el pasado la privó de sus derechos. El ser mujer aún en ciertas sociedades extremistas y radicales es un símbolo de debilidad, no obstante el mundo occidental ha abierto las puertas para que la mujer encuentre y realize su sueño dorado de ser ella mísma en toda la extensión de la palabra, de ser respetada y valorada por toda la amplitud de su ser y no solamente por su belleza exterior. Más que ello, la mujer aguarda un tesoro muy grande que Dios le ha dotado por siempre; un tesoro de amor auténtico y genuino y de entrega sincera y profunda, porque la verdadera mujer valorada integramente es una maravilla que todo hombre debe descubrir libre de espejismos y prejuicios que, lamentablemente aún porta nuestra cultura machista.

DE CRISTO ENAMORADA

¡Que sensación tan hermosa!
Y es que por vez primera te ví

Nunca pude imaginar algo así
Hasta que me volví para observar tu rostro

Me siento la mujer más feliz
Porque tú tambien me has observado de frente

He deseado, he querido, he amado
Pero nunca tanto me había enamorado

Postrado a tus pies y mirando a tus ojos
Ardo en deseos de estar siempre junto a ti

No puedo imaginar un solo día
Un solo minuto, un solo instante sin ti

Bendita atadura la que me une a ti
Y ahora que te tengo, no desistiré

Seguiré a tu lado por siempre
Estaré para alabarte hasta la muerte

Solo te pido que me des las fuerzas
Para mantener la llama viva

Gracias Cristo
Te amo

CAPITULO 2

LOS TRAUMAS QUE AFECTAN TU VIDA AMATORIA

¿ERES UNA PERSONA autónoma e independiente? Por azares del destino, ¿te encuentras atado a algo o alguién? ¿Te da miedo ser tú y nadie más que tú? Tal vez en este momento tratas de ser tú mísma, pero te resulta muy complicado por alguna razón que desconoces (o quizás conozcas muy bien el por qué) y ello te desconsuela, te reflejas como un ser en desamparo como si una parte del yo se desprendiera del rompecabezas personal. Tal vez no has aprendido a ser tú mísma por que alguién más secuestró tu habilidad de ser autónoma. En tu mente te atraviesa la idea de que ese es tu destino y no tienes otro camino por andar. Probablemente es por eso que en un momento de angustia desees autoflagelarte y desbaratarte hasta morir, y en ese morir culpar al otro o al ello, que te ata en un vaivén cíclicamente enfermizante/eternizante. ¿Te has preguntado si algún día podrás salir de ese círculo vicioso que te atrapa cada vez que quieres ser tú? ¿Haz intentado hacer algo por ti mísma para cambiar la vida que llevas? Posiblemente la respuesta sea afirmativa, pero el empeño que has empleado no ha sido suficiente por varias razones; la comodidad del no cambio te atrae más que la incomodidad inicial de ser tu mísmo, el complemento del círculo vicioso no permite tu cambio porque eso implica el suyo a su vez, no tienes las habilidades y destrezas yoicas para la búsqueda del destino propio sin dejar de sentirte culpable de lo que piense o sienta tu complemento enfermizo, y,finalmente, no deseas el cambio y solo quieres tirarte magnetizada por la ambivalencia de tus sentimientos hacia el objeto/sujeto que amas y odias con todas tus fuerzas. No es la dualidad lo que te mantiene al objeto, sino tu denodada actitud vacilante que posees, menoscabando al amor propio y la dignidad que como persona mereces, pero que te niegas al mismo tiempo. Si algún día te atreves al cambio radical, y no solamente de configuración, recuerda que siempre habrá un espacio para una nueva vida en tú corazón y en tú espíritu. Ser madura e independiente es aprender a jugarse la vida con armas propias y dejar que las ajenas dejen de trabajar para uno mísmo. Ser tu es dejarte a tus fuerzas sin detrimento de tu orgullo y dignidad. Es hora de aprender a ser auténticamente feliz y dejar el pobre presente que te oprime. Hoy mísmo, sin mañana. El hoy es tú realidad, por que el mañana no existe aún,y no tenemos la certeza de que vendrá.La única razón por la que las mujeres, y aún los hombres, deben, incluso denodadamente, buscar y encontrar su autorealización como personas, es decir aprender a ser ellos mismos y ser felices, como lo mencione líneas antes, sin importar, raza,condición social, cultural y económica, es el hecho de que merecen justamente ser felices, asi de simple y sencillo. Se dice fácil, no obstante la lucha diaria de millones de personas en el mundo entero hoy día es precisamente la búsqueda de su propia realización como seres integros y plenos, es decir, seres satisfechos con lo que son y con lo que han hecho en sus vidas y con sus expectativas futuras. Mas sin embargo, esa lucha nunca cesa porque las necesidades del ser humano son continuas y crecientes, y siempre están en constante reacomodo a las exigencias del contexto, a las variadas necesidades personales en los diferentes roles que la sociedad y la familia imponen. Es a menudo complicado para algunas mujeres encontrar la plenitud, especialmente cuando gran parte de sus vidas han sufrido de experiencias que las han lacrado dejándoles una mezcla de dolor y animadversión, y en tal condición resultan predestinadas a vivir una especie de parálisis en sus sanos y legítimos deseos de llegar a ser, de convertirse en lo que muy en el fondo desean. El amor propio ha sido trastocado, y en tanto esa condición esté presente por el tiempo que sea, incluso toda una vida, la persona afectada contiene una incapacidad de avanzar en el amor, de ser libre de sus propias ataduras atribuibles al pasado, si bien con ciertas fortunas, así también con experiencias y momentos aterradores y desaforados que pareciera le han marcado con el sello de la incapacidad de crecer en su espíritu. A causa de ello, muchas personas sufrientes no logran su cometido de autorealizarse durante toda su vida, de modo que son como peregrinos que van por el mundo mostrando sus contradicciones personales, denunciando sus congojas al mismo tiempo que buscan ser ellos mismos con la desesperación particular de quien no ha resuelto las aflicciones y desdichas de su pasado.

Veamos algunos de los traumas más comunes que ocurren durante la infancia y adolescencia que afectan gran parte de la vida.

VÍNCULOS NEURÓTICOS CON LOS PADRES

El deseo de todos los que tenemos hijos es que, cuando éstos crezcan, se conviertan en personas de bien en la sociedad, en la familia y consigo mísmos, y esa una idea practicamente cierta. En efecto, los padres mostramos un interés y una preocupación natural por nuestros hijos desde que nacen y por siempre. Aunque no siempre nuestros deseos se cristalizan en buenos actos en la educación, de manera tal que la enseñanza en el hogar muchas veces dista mucho de las intenciones originales. De ese modo, y desafortunadamente, nuestros hijos no cumplen las expectativas de adaptación, competitividad, autonomía y aplicación efectiva al medio social, laboral y en general a los ambientes cada vez más ásperos, exigentes y definitivamente más desafiantes. Cuándo nacemos, permanecemos ligados por un tiempo importante a nuestra madre biológica, aunque no siempre esto es así, debido a que muchas madres, o mueren en el acto del nacimiento del bebé o lo abandonan a su suerte. Lo que ocurre posteriormente con los bebés sin una madre, por la razón que fuere, es un trauma originario que lo imposibilita para ajustarse de manera normal a su medio y a las personas que le rodean. Y esto es solamente un factor entre muchas otras cosas más que ocurren después del nacimiento. Afortunadamente, estos son los casos mínimos, y la mayoría hemos disfrutado de nuestra madre cerca de nosotros y de la ligazón natural que se produce entre ambos en forma mágica. A todos los seres humanos tal circunstancia en la vida nos proporciona la seguridad emotiva tan necesaria en la vida futura, y establece las bases para el logro de la autonomía e independencia que a cierta edad se vuelven elementos indispensables para crecer psicológicamente, y para adaptarnos al contexto con la capacidad de hacerlo cada vez que ese mismo ambiente que nos rodea cambie, inclusive ante aquellos cambios verdaderamente drásticos. Cuando arribamos a la vida de adolescente, mucho de lo que aconteció en la etapa temprana de la niñez, de cuando nuestra madre nos acogió y nos arropó con su amor incondicional, viene a repercutir en nuestras relaciones con las demás personas. Observe bien que importante es esto último. La jóven adolescente de pronto irrumpe en la sociedad, luego se retrae. Es el juego de ser "grande" o de permanecer como "niña". Es la lucha por conquistar el mundo y de convencer a todos de que ha crecido y que ya lo sabe todo, el juego de ser señorita. Pero también la jóven necesita de su condición de niña para satisfacer mucho de lo que aún le pertenece como muchacha que es. Recuerde que la adolescente, ni es adulta ni es niña. Se le ubica en un estado de "transición", no un "impasse", por que en realidad esta etapa de la vida le proporciona al ser humano en general, un aprendizaje enriquecedor para la vida adulta. Visto como una causa, la adolescencia es un disparador de destrezas y habilidades. Es el espacio que la jóven tiene para regocigarse como niña y aventurarse como adulta. Es la etapa de experimentar en un campo nuevo en la vida, de nuevos derechos, pero también de nuevas responsabilidades que asumir. Entonces, los muchachas se encuentran entre la disyuntiva de crecer o de no hacerlo; de hundirse o de flotar. En este punto la adolescencia, conceptuada como consecuencia de lo que la persona ha experimentado desde su etapa de los primeros años de vida, es una verdadera calamidad para muchas muchachas, y de seguro para sus padres. Las jóvenes que no logran adaptarse al medio, y que encuentran dificultades en forma sistemática y continuada en esta etapa de la juventud, es posible que estén mostrando, ya sea un déficit en la expresión de amor durante su primera infancia, o bien un exceso de ese amor que se ha prolongado hasta su juventud, ahogando a la jóven y robándole las posibilidades de ser ella mísma. Aquí la jóven es donde experimenta verdadera dificultad y desasosiego, y no sabe que hacer. Se frusta y se deprime; se desvaloriza como ser humano y se siente inadecuada consigo mísma y para los demás. Es verdaderamente un sentimiento producto de algo más profundo en la vida anímica e inconsciente del ser en esta etapa de su vida. Es cierto que la etapa de la adolescencia tiene dificultades y turbulencias. Seguro que usted se acuerda de su propia experiencia siendo jóven. Pero cuando los problemas de adaptación coexisten, inclusive antes de esta etapa, y que arribando a ella la vida del jóven se transforma y se intensifica negativamente, y en consecuencia la de su familia, y que esa es la constante de todos los días, sin dar muestras de crecimiento, de una verdadera asunción de las responsabilidades, entonces estamos hablando de que la jóven ha sido víctima de una enseñanza inapropiada que proviene de su primera infancia, y que deviene con el paso de los años menoscabando su salud mental. En cierta forma los padres son responsables de una situación tal. No siempre ocurre abruptamente el paso de la niñez a la adolescencia. Muchas veces la adolescencia pasa sin muchos sobresaltos para muchas muchachas, no obstante la jóven generalmente se muestra falto de un buen sentimiento de sí. Es decir, la autoestima contiene rasgos de inestabilidad y el sentimiento de inadecuación prospera, y los padres parecen no darse cuenta de ello porque estas muchachas no dan muestras de su vida interior. La pasividad de la jóven los mantiene tranquilos, pero no imaginan lo que lleva dentro, el infierno que vive y que la oprime cada día sin encontrar la puerta. Mal que bien en unos años transitan a la vida adulta y solo ellas saben de sus debilidades, carencias y del basurero que colocan sobre su espalda se ajustan como lápidas para protegerse del ataque de los demás, y hasta del propio. Inauguran su personalidad como adultas y resaltan lo que les gusta de sus personas. Son ante los demás un dechado de virtudes. Cuando de pronto se miran al espejo con los ojos del alma, se aborrecen y abandonan esa práctica de mirarse hacia adentro, por que se dañan al no aceptarse como son; son susceptibles de lo que advierten dentro de sí mismas, pero lo dejan guardadito en el fondo de la mente para que no les lastime. Sin embargo, para los demás son la otra cara, la que desean que otros vean y alaben; la cara del vacío, la inexistente, la que habla del ideal, de aquel ser que no vive, sino que muere lentamente, o que a lo mejor ya esta muerto y no se atreven a encarar; el rostro que habla de aquel ser idealizado por todos y deseado por ella, por que sin ello su ser se desvanece, se constriñe, se achica, se mengua. Así van dando tumbos por la vida, con tribulaciones y quebrantos. En el momento que se les exige, voltean a ver a sus padres en señal de auxilio. A la mínima señal de autonomía, se inundan de miedo por que no se les ha enseñado a ser independientes. Todo se les ha arreglado en la vida de tal suerte que sus miedos son tan grandes que muestran una gran incapacidad de hacer frente a la vida y encararla con agallas. Sus padres han violado sus habilidades psicológicas de ser autónomas y de valerse por sí mismas. De modo que ya de adultas muchas veces no saben como lidiar con ello, pero sobre todo no saben como justificarse, y la censura de los que le rodean les importa sobremanera. Una consecuencia es que se retraen y buscan acomodo donde no las confronten y con quienes las apapachen en su problemática. Eso las reconforta de momento, pero no les permite crecer. Quizás no se dan cuenta, pero les han robado el derecho de crecer, y aquí el ladrón no es alguién fuera de casa. Los verdaderos cacos son los padres que por motivos personales y, seguramente por ignorancia les privaron de la oportunidad única e irrepetible de ser auténticamente autónomas. Me refiero a la autonomía mental; aquella que se logra en forma natural al principio de la vida con los amores y cuidados maternos, abrazándolos para después dejarlos ir, no para quedárselos por siempre y dejarlos como seres sin una vida propia.

Finalmente, si eres una madre y estás en esa situación, y lo que estás leyendo te hace sentir culpable, aun posees la capacidad de lograr grandes cosas en tus hijos, especialmente con aquella a la que te mantienes atado y que igual se anuda a ti. Hay opciones de crecer como padres y de hacerlos crecer como hijas independientes, no obstante la edad que tengan. Mientras haya vida habrá esperanza. Crea las condiciones para que tu hija logre las cosas por meritos propios, y los éxitos iniciales le ayudarán a desprenderse y valerse a sí misma. Desde luego, tendrás que aprender a separarte y dejarla ser. Tiene derecho a equivocarse y a cometer errores garrafales. Después de todo, los humanos tendemos a equivocarnos muy a menudo. Otra acción conjunta es el diálogo. Platique con su hija acerca de lo que piensa y déjela expresarse. Concientizar puede producir cambios positivos inesperados. Recuerda que si como padre fallaste en favorecer una vida de crecimiento psicológicamente sano para el o ella, ahora es el momento de actuar, de recuperar lo perdido. Deja que el sentimiento de culpa se aleje. No te permitas vejar por ello. Después de todo, lo que hiciste con tus hijos lo hiciste pensando por el bienestar de ellos. Los errores son parte de nuestra naturaleza y todos los padres de familia los cometemos. No es hora de pensar. Es hora de actuar.

ABUSO SEXUAL EN LA INFANCIA O ADOLESCENCIA

Entender las razones por las que guardamos secretos en nuestras vidas, secretos que mantenemos por muchos años, en ocasiones toda una vida, y que incluso solemos olvidar y alejarlos de la conciencia, es en principio un desafío existente hoy día para los peritos en la materia, y uno de los problemas más graves y comunes de lo que imaginamos.

Muchos eventos ocurren en nuestra vida cuando aun somos niños, e inclusive en la adolescencia, situaciones de conflicto en los que predomina el abuso sexual de alguién cercano a nuestras vidas, sin excluir a nuestros propios progenitores. Te parecerá extraño escuchar lo anterior, pero el abuso sexual de parte de los padres hacia sus hijos es un fenómeno que con el tiempo se ha multiplicado en nuestra sociedad en el seno de la familia actual, generando múltiples problemas que atañen al desarrollo psicológico sano, y al mantenimiento de un nivel general de vida normal en aquellos que han resultado afectados por esta problemática, situación que por mucho tiempo se ha mantenido oculta, como un tema tabú del que nadie habla ni nadie quiere ventilar por distintos motivos. La familia, tipificada en nuestra cultura como el núcleo básico de nuestra sociedad, se nos presenta como el conjunto de los miembros (no la suma) con relaciones de consanguinidad, y que cohabitan por un tiempo consistente formando lazos de comunicación y una estructura específica en base a una jerarquía establecida por la sociedad en la que se inserta. En torno al concepto anterior, la expectativa de los miembros de una familia se ciñe al aprendizaje de la cultura y a su incorporación paulatina a los esquemas mentales de modo tal que, como un importante psicoanalista francés refería, el sujeto se vuelve un portavoz de la cultura y, en tanto ello ocurra el comportamiento de los miembros de la familia es predecible en una medida, o por lo menos hay certeza de lo que pudiese ocurrir en un escenario normal en torno a un hogar en desarrollo. Cada individuo según su propio papel dentro del grupo familiar, en ese continuo aprendizaje que nunca acaba, contiene un conjunto de esperanzas, certezas, anhelos, expectativas, además de muchas cosas que aprender sin importar la edad. Asi mismo, la familia suele ser el depósito de las frustaciones y resentimientos, de los traumas del pasado, de los conflictos del presente y del estrés de sus miembros en general. Visto desde esta perspectiva, el grupo familiar en el contexto de la sociedad es la unidad respondiente y responsiva de una multitud de variables de carácter cultural y societario, además de toda la gama de variables relativas a la personalidad de los individuos que la instituyen. Y desde este enfoque, la familia es y está sujeta a cambios bruscos y no convencionales, a la adopción de esquemas implícitos que transgreden los valores y los buenos modales en sus miembros. Idealmente la familia es el reducto donde se supone encontramos la seguridad y satisfacción personal, no obstante estos y otros muchos valores esperados en un hogar promedio se ven afectados seriamente, aunque muchas de las veces las víctimas suelen ser las más frágiles e incapaces de defenderse ante la iniquidad y la inmoralidad. El abuso sexual es un fenómeno real que existe y que daña ostensiblemente a quienes lo padecen dejando cicatrices en el alma que perduran por años. Si tu eres del grupo de personas que ha sufrido ataque sexual de alguno de tus padres o hermanos, hermanas, tíos, tías o personas allegadas a tu hogar, entonces este mensaje es para ti. Lee lo siguiente y decide que hacer por el trauma que viviste algún día.

Probablemente fuiste una víctima de un depredador sexual, y lo más despreciable sería que fuese alguién muy cercano a ti. Quizás hayas vivido el horror de que algunos de tus padres hayan abusado sexualmente de ti en el pasado, cuando aun eras muy jovencita para defenderte. En el manoseo sexual has sufrido toda una vida y has tratado de reprimirlo todo, pero ha resultado en vano. Tal vez es posible que papá o mamá te haya poseído, que te haya violado, ¡sí, violado! en toda la extensión de la palabra, y hasta ahora te das cuenta de la gravedad del asunto despertando en ti sentimientos de angustia, soledad, impureza, culpa, depresión y mucho rencor hacia quien te robó la ingenuidad propia de tu niñez, la virginidad de tu espíritu y la de tu sexo también. No dudo ni un instante que hayas preferido olvidar ese pasado de abuso de poder sobre tu persona, de mezquindad humana y de pobreza de espíritu. Es difícil imaginar para los que no han pasado lo que tu has vivido; ni siquiera un poco de imaginable la vida inimaginable que has llevado por tanto tiempo es dable para quien ha tenido mejor suerte. Y se que no te reconfortas con saber si te digo que no eres la única que ha vivido el horror de una violación sexual, mas aún si dicho acto indigno ha provenido de alguno de tus progenitores, de quienes se supone debieron haberte protegido y amado con un corazón paternal incondicional. Esos secretos que conservas muy en el fondo de tu ser son como pequeñas navajas que te van cercenando, menoscabando tu integridad y dejando tras de sí sombras de lo que pudiste haber sido, de lo que has añorado y que nunca has podido cristalizar en una realización plena de tu vida. Secretos que yacen sepultados en un corazón que nunca termina de cicatrizar sus heridas dentro de un espíritu, que se oprime con sus propias desavenencias condicionadas por la impiedad e inescrupulosidad de un ente maligno que aún habita muy dentro de ti pese al tiempo transcurrido, y que te deshoja como a un árbol en otoño hasta quedar vacía por dentro. Aspiras ser tu mísma, pero lloras de impotencia; anhelas superarte pero te vuelves presa de tus fantasmas del pasado, desfalleces y renaces en tu fatalidad en un vaivén ininterrumpido. Por tantos años has permanecido callada, sin compartir nada de lo ocurrido en tu infancia de aquello que no puedes olvidar a pesar de tus intentos y de tu deseo sincero de que tales recuerdos desaparezcan de tu corazón. Pero debo decirte que tus esfuerzos de olvidar los ataques sexuales en contra tuya nunca se verán cristalizados. Antes bien, la intensidad de su impacto en tu vida actual se incrementará de forma proporcionalmente inversa a los esfuerzos que realizes por mantenerlos alejados de tu conciencia. Lo que quizás debes entender es que ningún evento doloroso puede ser borrado de tu memoria. Cada evento vivido en tu infancia, y en especial los momentos de dolor y angustia podrán ser reprimidos y depositados en el almacén de los tiliches que no deseas usar más en tu vida, pero la fuerza de su origen radica en la emoción que evoca y en los malos momentos sufridos, lo cual lo hace particularmente un evento inolvidable e ineludible en tu vida presente y futura. Pretender olvidar es tan solo eso, una pretensión que nunca podrá realizarse. La mente registra todo, y cada evento que has vivido ha quedado en el registro de tu corazón, en especial los recuerdos de felicidad y de dolor. De modo que el acto deliberado de olvidar es permisible, aunque sin efecto significativo. Muy por el contrario, lo que debes comenzar en tu vida es aflorar tu pasado en un proceso de reconocimiento gradual, sin sobresaltos que dañen más tu corazón de por si mal herido.

Dejas al tiempo que cure tus heridas, las dolencias del alma, las tristes e inevitables remembranzas de tus sombríos ayéres que te provocan remordimientos y una vorágine de sentimientos entremezclados de tristeza, frustación y vergüenza de tí misma. Te fundes en el deseo de existir sin todas las vicisitudes de tu doloroso pasado y al mismo tiempo adviertes que la sola fantasía no alivia tus penas y el tiempo es insuficiente para cicatrizar las heridas, mas por el contrario lucen permanentemente abiertas mostrando un dolor profundo que sepulta tus legítimas aspiraciones de experimentar el amor en la extensión de todo tu ser. Te sientes atrapada, enjaulada sin una salida que aguarde la esperanza y te dejas llevar por la desesperación, caes en desamparo y tu ser es llevado por la inercia de la vida, de las cosas que inevitablemente te cubren con un velo de agonía y muerte. Presientes el fin de tu desvanecido deseo de amar y te tiras al oprobio y la ignominia; te conviertes en el enemigo número uno de tu ser, llevando consigo en tus actos lo que tanto odiabas, dejando una estela del dolor muy tuyo en los demás, en los propios y extraños; ahora eres su cómplice y compartes las coyunturas, las resquebrajaduras, las cicatrices al rojo ardiente y los intersticios entre el alguna vez deseado ser autorealizado, y el actual ser alienado por una suerte de un destino funesto y un acusado desatino en la voluntad y la fuerza interior para cambiar el curso de los eventos que te atan y te destruyen con una muerte en vida.

Entonces, ¿qué hacer con este morral de injusticias que pesan enormemente sobre tu espalda? ¿de qué forma puedes llevar una vida feliz y plena con los traumas que has vivido? Éstas y muchas otras preguntas tu mísma te las has hecho a lo largo de tu vida, y las respuestas nunca te han favorecido, y en consecuencia aun sigues sufriendo de los estragos de un pasado que no parece cesar en intensidad. Pero ello no significa que no haya una solución sensata a tus aflicciones y calvarios. Es posible que la soluciones empleadas no hayan sido las más adecuadas y tengas que volver a reconsiderar un cambio de estrategia, una modificación de las formas, y hasta un cambio radical de enfrentar las circunstancias adversas. Es posible que nunca hayas apelado a la fuerza divina, y por tanto careces de una guía espiritual, lo cual hace aun más complicado tu proceso de sanación personal, y la deseada autorealización se aleja cada vez de tus posibilidades. Veamos lo que Dios te comunica cada día y a cada instante para que puedas salir adelante y lograr un cambio definitivo, un cambio de amor y justicia que solo Él puede hacer realidad para ti y para cualquier sufriente de un pasado de abuso sexual: "Estoy *a la puerta de tu corazón buscándote para verte de frente, pero me has esquivado. No has volteado siquiera para mirar quien soy. Se que sufres mucho por un pasado del que ni siquiera tienes culpa, pero que por el cual vives aprisionada con ataduras de gran fuerza originadas por traumas experimentados en carne propia. Todo eso lo sé, y es por tal razón que toco insistentemente a tu puerta con la esperanza viva de que algún día me permitas entrar aunque fuése por un momento. Tal vez te aterroriza la idea, pues es que nadie sabe de tu secreto mas íntimo del cual tu misma te averguenzas y te hace sentir inadecuada. No has podido compartir con nadie lo que tu pariente hizo contigo, del abuso extremo y bizarro al que te sometió cuando eras aún una niña indefensa. Todo lo sé y por eso lloro cuando te noto triste, deprimida, frustada. Mas aún, cuando decides alejarte más de Mi Prescencia debo buscarte cada día y a cada momento. No importa que me hayas volteado la cara todas las veces veces que he tratado de mirarte a los ojos, es mi deseo de los más profundo de mi corazón el estar afuerita de tu hermoso corazón porque te amo con todo mi ser, como nadie nunca te amará jamás. Si supieras que lo que tanto daño te hace Yo podría repararlo en un instante; si supieras que con tan solo que me dejaras la puerta abierta estaría ahí para consolarte, para renovarte en Mi, y cambiar tu corazón revistiéndote con mi amor inconmensurable; si supieras que conmigo encontrarías la felicidad plena. Tan solo dame esa oportunidad hija mía; permíteme ingresar dentro de ti para hacer de tu persona lo que ni siquiera has soñado. No importa el tiempo que me lleve, ni los desprecios que me toque experimentar al buscarte para ofrecerte todo de Mi. Estaré ahí tocando a tu puerta hasta que te dignes abrirla para Mi, si es que algún día lo haces lo cual me haría sentir enormemente feliz. Atentamente Cristo Jesús* "La única posibilidad real que tienes para subsanar un pasado doloroso de abuso sexual en tu niñez es la prescencia del Espíritu de Dios en tu corazón. El día que eso ocurra, cuando le abras la puerta de tu corazón a Cristo, en ese instante te aseguro que toda tu vida cambiará, y hasta los problemas más complicados y dolorosos serán sanados por la poderosa fuerza de Dios Padre Todo Poderoso.

VIOLENCIA DOMÉSTICA –
LA MUJER GOLPEADA

¿Eres de los que maltratan a la esposa? ¿Eres la mujer maltratada por el esposo? En cualquier caso debes saber que enfrentas una seria situación conyugal/familiar. No preciso los motivos por los que maltratas a tu mujer. Puedes aducir que ella no te comprende, y que hay momentos en que te saca de quicio. Puede ser. Aunque difícilmente eso puede ser identificado como una razón suficiente para maltratar a una dama, y con mayor razón cuando dices amarla. Si así fuera, entonces la mayoría de los hombres golpearíamos a nuestras mujeres por cada enojo que tuviéramos. Además de que, por cierto, la culpa que experimentas posterior a una golpiza que le propinas a tu cónyuge, si es que aún experimentas remordimientos de conciencia, no ha permitido reducir la violencia en tu hogar, sino mas bien la ha envuelto en un círculo repetitivo que ha marcado la vida matrimonial, es dable pensar que la violencia no acabará tan facilmente. De hecho, sabes muy bien que el ciclo de la violencia te ha superado, y que tu debilidad ante el problema lo justificas en las reacciones de tu mujer, como si ella fuése la culpable de tus actos; te das cuenta de lo minúsculo que te queda la palabra "hombre" y, por consecuencia, la tomas a ella como a un costal para dar rienda suelta a tus frustaciones. Ahora me dirijo a ti mujer: seguramente notarás que la violencia no ha sido algo ajeno a tu vida. Una mirada hacia atrás en tu historia familiar te dará la razón. Es obvio que la violencia muestra patrones culturales heredados; lo que vivimos de jovencitos en nuestra familia marca nuestras vidas por siempre. Esto puede significar que si estuviste envuelta en un círculo de violencia en tu niñez, seguramente eres proactiva a la violencia por causa de que ella fue algo que te marcó desde pequeña. Las mujeres que han vivido la violencia en el hogar directa o indirectamente, tienden a repetir en sus vidas de adultos estos patrones. Por lo general, estas mujeres han sufrido algún tipo de abuso. Muchas veces han nacido con la violencia en el hogar y han cargado con ella durante toda su infancia y adolescencia, y no conocen otra forma de vida. Tal vez no conciben que merecen respeto, que deben ser valoradas por los demás, por la sencilla razón de que nunca lo han experimentado. La violencia doméstica es hoy por hoy un grave problema psicosocial que afecta a muchas mujeres y a sus hijos dentro del núcleo del hogar. Date la oportunidad de un cambio. Ambos merecen un cambio, agresor(a) y agredida(o). Considera que tal vez necesites ayuda profesional. No renuncies a la posibilidad de un cambio sustantivo. Puede ser que los amigos te han abandonado a tu suerte. Puede ser que, inclusive en tu familia más extensa (hermanos, tíos, etc.) los apoyos ya no están para ti. Posiblemente han perdido la fe porque no has podido cambiar el enfermizo patrón de violencia en tu hogar, a pesar de que en el pasado te lo han sugerido y tu sigues en la misma situación. Todo es posible. Es más, quizás has perdido la esperanza en tí misma y las probabilidades de una vida mejor ya no lo contemplas en tus planes de vida. Pero hay alguién que siempre esta a tu lado, y tu sabes quién es. No obstante ello, ni siquiera lo volteas a ver. De cualquier forma, y mira de que privilegio gozas, Él estará esperando hasta que te decidas abrirle tu corazón. Si quieres realmente cambiar tu vida y la de tus hijos(si los tienes) abre tu corazón y cree. Él estará gozoso de recibirte en sus brazos, y así el cambio en tu vida será una realidad, un sueño cristalizado. Si persistes en no mirarlo a los ojos y de no dejarle toda tu carga, toda esa basura que arrastras día a día, entonces la tristeza lo seguirá embargando y tu vida sera igual o peor de lo que ha sido por mucho tiempo: un basurero de inmundicia humana.

LA AUSENCIA DE LA FIGURA PATERNA

La ausencia de alguno de los padres en la vida de sus hijos es siempre una desgracia desde el punto de vista de la vida anímica y psicológica de éstos. Es de hecho una carencia que solamente puede ser restituída en parte, y no siempre con resultados alentadores. Para una hija, el padre es de una importancia menor cuando se es muy pequeña, pero conforme avanza en edad la figura paterna cobra un valor importantísimo, desde ese momento y por siempre. El padre es la figura central de toda hija en el hogar, y cuando no está presente por alguna circunstancia, las consecuencias pueden ser devastadoras. Si por alguna razón usted ha vivido un esenario como el descrito, entonces sabe muy bien de lo que estoy hablando. Por supuesto que el daño que se produzca en la vida mental y afectiva de las hijas dependerá de a que edad se sufrió de la privación del padre, y si dicha circunstancia fue total o parcial, no obstante los mejores cuidados que su madre le haya prodigado. El padre es de hecho, literalmente hablando, el primer hombre en la vida de toda mujer. Es el modelo de figura masculina que la mujer retiene en su esquema personal, y gran parte de sus relaciones con el sexo opuesto dependerán de la calidad de relación que establezca con su propio progenitor.

Probablemente nunca tuviste un padre, ya sea que te abandonó desde que eras muy pequeña y solo tienes vagos recuerdos de él, o bien falleció y nunca lo tuviste a tu lado. Las hijas que padecen ésta condición adoptan una coraza interior que las defiende de sus propias desdichas. Son de hecho mujeres que admiten que alguna vez desearon tener al padre a su lado, pero que en su vida de adultas es cosa del pasado y ya no hace falta porque se sienten completas. Bajo este mecanismo de sentirse autosuficientes e inmunes a sus propios traumas, van por el mundo mostrando cierta desconfianza hacia las figuras masculinas. Les cuesta darse del todo a un hombre y anteponen su seguridad y deseo de controlar todo a su alrededor. La vida sin su primer hombre les ha otorgado una fortaleza interior que produce un desbalance entre sus deseos y sus posibilidades. Para estas mujeres es difícil recargarse en el hombro del hombre que eligen para vivir por el resto de sus vidas, y ven en la faz de cada hombre a un embustero en potencia. No obstante, tienen una especial predilección por los hombres maduros con los cuales se sienten más confortables en la conversación y al trato. La seguridad que experimentan con los hombres mayores que ellas es interpretada muy a menudo como un deseo inconsiente de sentirse protegidas por el amor parental que no existió en sus vidas. Es posible que hayas tenido otro esenario no tan aterrador, aunque no menos dañino que el anterior. Me refiero al padre que, por la razón que haya sido, se va cuando apenas eres una niña de alrededor de diez años. La afectación en una jovencita es enorme y pocas oportunidades tendrá en su vida para recuperarse de la ausencia de su padre. La reacción inicial puede ser el retraimiento social, la rebeldía, tristeza, y eventualmente una depresión mayor. La diferencia con la hija sin un padre desde siempre y por siempre, es que la segunda si lo ha tenido solo que lo ha perdido, por lo menos asi se le percibe, como una pérdida o abandono. En cierta forma existen cosas recuperables debido justamente a que la hija ha tenido al modelo paterno en casa por el tiempo que haya sido, y posee mentalmente un esquema de lo que significa la figura del rol masculino. En relación a la pérdida del padre, el impacto negativo es mayor cuando la edad de la hija es menor. Sin embargo, y para los efectos de la capacidad que una mujer tiene para amar en la vida y de tener éxito en sus relaciones interpersonales, en especial con el sexo opuesto, es dable pensar que bajo ninguna circunstancia de abandono del padre es una buena excusa para justificar los fracasos en la vida, y siempre existe una ventana abierta para subsanar nuestras debilidades y carencias para enmendar nuestra existencia y nuestras relaciones con los demás, en especial con la persona que hemos elegido para vivir por el resto de nuestras vidas. Si viviste esas condiciones, seguramente tu vida se ha visto afectada, pero siempre hay un camino, y Dios está de tu lado cada vez que lo requieras. No hay nadie más que Dios quien puede sanar una herida tan grande en tu corazón como lo es el abandono de un padre. Solo Dios puede hacer los cambios y reconstruir tu vida para que puedas alcanzar tu felicidad. De eso hablaremos mas adelante en lo que respecta a los cambios que debemos lograr en nuestras vidas para ser mejores seres humanos en el entorno que nos ha tocado vivir.

LA VIDA EN UN HOGAR DISFUNCIONAL

Otra de las posibilidades que muchas veces van de la mano de las situaciones traumáticas descritas anteriormente y que dañan la capacidad amatoria de toda mujer, es la presencia cada vez más frecuente de familias conflictuadas o disfuncionales. La disfuncionalidad apunta a dos elementos generales: la estructura y la dinámica de la familia. Todo lo que tiene que ver con la familia gira alrededor de cualquiera de estos dos elementos, y en el caso de las familias con problemas por lo general muestran acusadas fallas en ambos aspectos, tanto en estructura como en dinámica.

Los problemas de comunicación, los problemas maritales, los conflictos por el poder, el flujo excesivo o el déficit de información hacia adentro y hacia afuera del hogar son entre otros algunos de los problemas que atañen a los hogares actuales en todas partes del mundo. No hay familia funcional hasta que no existe un balance en las formas y contenidos de una familia, y que tal balance sea prospectivo y de muestras de crecimiento adaptativo a las diferentes realidades que una familia encuentra en las diferentes etapas de su evolución. Desde un punto de vista muy conservador no existe la familia functional al cien por ciento. No obstante, hay que hacer notar que existen grados de disfuncionalidad. Si te ha tocado vivir en una familia donde los problemas y conflictos eran el pan de cada día, con problemas de adicción al alcohol y otras drogas, quizás con violencia doméstica, incomprensión de los padres a sus hijos, ruptura marital, separación y divorcio, entonces estamos hablando de un hogar que te generó un gran estrés en tu vida, y ahora de adulta lo vienes a reflejar en tu propia familia, y casi sin darte cuenta muchas de estas irregularidades que viviste en tu familia de origen las estás repitiendo en tu vida actual con tus propios hijos y con tu propio esposo. Es un error pensar que tu pasado no tiene un efecto sobre tu presente. De hecho, lo que viviste algún día y que probablemente hayas olvidado, reaparece de forma recurrente en tu estilo de vida y en tus costumbres y prácticas. El pasado no es algo que tu puedas arrancar de tu vida tan facilmente.

En una familia disfuncional muchos de los satisfactores de las necesidades emocionales no se encuentran presentes, o bien se encuentran alterados sin dar cumplimiento a su objetivo debido justamente a dicho desorden. Acaso los miembros de un hogar tal pudieran sentir ansiedad, inseguridad, desolación, descuido y hasta abandono de parte de sus padres. Debes creer que muchas hijas se sienten más seguras fuera de su hogar que dentro. Hacer frente a las necesidades de los miembros del hogar depende con mucho del equilibrio emocional de los miembros, del amor de los padres hacia los hijos, de su propio balance en la relación marital, de la buena comunicación entre los miembros del hogar y de las buenas actitudes al saneamiento del hogar y a la adaptación a sus cambios crecientes en la vida. Hace algún tiempo, conocí a un matrimonio con dos hijos varones de veinte y quince años, y una mujer de dieciocho. El matrimonio vivía un pleito que databa desde que sus hijos eran muy pequeños. El marido era de actitudes machistas y celaba mucho a su mujer. No le permitía salir sola a ningún lado, y no le era permitido usar ropa ajustada. Cuando ella se rebelaba, él la golpeaba criminalmente. Ella decía estar cansada por todo, sin embargo no buscaba la separación por sus hijos, ni mucho menos el divorcio. Pensaba que ello les provocaría un trauma psicológico difícil de remediar. Ni él ni ella se percataban del daño que les habían provocado a sus hijos desde que eran pequeños, los cuales ya de adolescentes mostraban una acitud vacilante a la vida, apesadumbrados, de mirada triste y sombría. La permanencia de un problema en el hogar por años vuelve a cualquier hogar un lugar inseguro para los hijos, además de inconsistente para alcanzar una vida emocionalmente sana. Un solo problema que se vuelva crónico en la vida de una familia puede hacer que la infelicidad sea parte de la vida diaria de sus miembros, incluídos los protagonistas principales. Recuerdo otro caso de un jóven de alrededor de veinte años quien tenía un historial de consumo de mariguana de ocho años. Durante su adolescencia los pleitos en el hogar se sucedian cada día entre sus padres. Tenía una relación muy conflictuada con su padre, y los niveles de comunicación daban al traste. No recordaba haber tenido una conversación importante con su papá. La relación con su madre era distinta, aunque no mejor que la que mantenía con su padre. Su madre le solapaba cualquier cosa y tendía a minimizar los problemas que recurrentemente le ocurrían en la escuela, y hasta en el mismo hogar. Había sido expulsado de la escuela secundaria por abuso de drogas. A menudo llegaba al hogar a muy altas horas de la noche. En este caso, como en el de muchos hogares, los padres ha quedado atrapados en sus propios problemas, y de paso han envuelto a sus propios hijos en su propia disfuncionalidad tanto de padres como de esposos. Eso genera un perfil de hijo sintomático que responde de manera inadaptativa en el control de sus impulsos, y que le cuesta mucho trabajo salir adelante teniendo los modelos inadecuados en el hogar.

Cuando tu has sido influída por causa de que tus padres no estuvieron a la altura de su papel parental, entonces tu propia vida estará afectada por ese pasado imborrable. Y puedes recurrir al psiquiatra, psicólogo, consejero o cualquier otro profesional de la salud mental, sin embargo solo encuentras un paliativo a tus problemas, pero no la sanación definitiva que necesitas. Mas sin embargo, cuando dispones de una actitud positiva de recibir a Cristo en tu vida puedes notar que muchos de estos problemas comienzan por disminuir sus efectos y tiendes a ser más tolerante con lo que antes no soportabas ni por un instante. Cuando el amor de Jesucristo entra a tu vida, los cambios positivos se dan por añadidura. Entonces comienzas por encontrarte en el amor verdadero y la felicidad asoma a tu vida. Recuerda aquella mujer que tocó el manto de Cristo y quedó liberada no solo por el roce con la prenda sino por su fe tan grande que tenía, y todas sus dolencias quedaron en el pasado. Las hemorragias que padeció por doce años encontraron su cura instantánea tan solo por creer. Por supuesto, el poder magno de Cristo la sanó, pero hubo de ser necesario su gran fe en el Dios verdadero. Véase a Mateo en al capítulo 9 en los versículos 20, 21, 22. Éste y muchos otros milagros fueron posibles gracias al Poder de Cristo. Así mismo, Cristo Jesús es el que te invita hoy a creer que las soluciones a tus dolencias, no importa si son recientes o son producto de un pasado remoto muy doloroso para ti, están en Él y en la fe que muestres en cada acto de tu vida.

CONCLUSIONES

La capacidad de amar en una mujer tiene sus avatares, y su responsividad suele depender de muchos factores tales como la edad, cultura de desarrollo, educación y personalidad entre otros. No obstante, la virtud de un corazón bueno que aflora en su deseo de amar y de ser amada enfrenta a lo largo de la vida una serie de factores que le afectan en su libertad de expresarse volviéndola quizás mas retraída, en otras ocasiones ocultando su naturaleza amatoria, y en los casos extremos destrozando esa capacidad de entregarse teniendo como efecto una vida de dolor y resentimiento ante todos y ante el mundo entero. La mujer que ha sido trastocada en los más profundo de su ser por un evento traumático en su niñez o adolescencia, o aún en su vida de adulta, encuentra muy difícil el camino hacia su felicidad y realización. Pero en la encomienda de rectificar y superar las cadenas negativas de su pasado, la mujer no se encuentra sola. Por el contrario, hay alguién que nunca la abandona y que está allí aguardándola para renovarle el espíritu y ofrecerle una existencia distinta, una vida de amor que le permita encontrar cada día la presencia de Cristo en su vida.

DIOS ES EL CAMINO

Lucha por lo que más quieres
No te detengas en el camino
Persevera y no descanses hasta lograr tus propósitos
Habrá lágrimas y sinsabores
Malas avenidas sobrevendrán
Otros saldrán a tu encuentro para apoyarte
Otros lo harán para humillarte
Tu misma tratarás de sabotear tus caminos
En tal o cual caso, búscalo para que te ayude
Dile que sola no puedes; que lo necesitas
No cometes el error de andar solitaria por la vida
De nada sirve ganar la gloria para ti
Por que es tan solo un espejismo
No te pertenece,es toda de Él
No confundas el camino
Alíneate y haz a un lado tu orgullo
El camino es largo y complicado
Libera tus cargas y dáselo todo
Nadie más será capaz de aliviar tus penas
Solo Dios es el camino

CAPITULO 3

LOS DESAFÍOS DE LA MUJER PARA ENCONTRAR EL AMOR

E S COMÚN ESCUCHAR entre los varones expresiones que se refieren a que las mujeres son difíciles de entender, que son raras y complicadas, y que es particularmente complicado saber que hay en la cabeza siempre activa de una dama, la cual parece nunca tener un descanso. Me recuerdo de un amigo que me confiaba las cosas que le desagradaban a su esposa, y entre las cuales destacaba el hecho de que cuando él se sentaba en el sofa de su recamara y frente a su televisor a observar los partidos de beisbol, justo en esos momentos su esposa pasaba con la escoba o el trapeador de frente al televisor con una mirada que mostraba su desacuerdo, pero nunca se lo decía, y él prefería ignorarla para no entrar en conflicto, no obstante le comenzaba un sentimiento de culpa por no ayudar a su esposa. Él también se lo callaba de modo que su esposa nunca se enteraba de lo que a su esposo le pasaba por la mente. No obstante cuando esto sucedía, la mujer se sentía ofendida y arrancaba con una sarta de palabras ofensivas hacia su marido. Lo calificaba de flojo porque, según ella, nunca le ayudaba en los quehaceres del hogar. Lo curioso es que eso ocurría siempre que él se sentaba en su sofá a descansar o a mirar sus programación deportiva favorita. Sucede también que algunas mujeres, sino es que la mayoría, se ocupan mucho de los detalles de cada situación y de cada escenario. Requieren de mayores explicaciones y suelen preguntar más de lo habitual cuando algo parece no quedarles lo suficientemente claro. No obstante que esto suele ser recurrente y repetitivo, para mucho hombres esto rompe con su paciencia y no alcanzan a comprender la naturaleza mental tan activa de la mujer. Lo mismo ocurre con muchas mujeres quienes parecen no entender la naturaleza masculina en sus cónyuges y pudieran llegar a sentirse incomprendidas por el hecho de que sus esposos no las "atienden" como debieran. Es importante decir aquí que para muchas damas la idea de que su pareja conozca de antemano sus deseos, predilecciones, preferencias y hasta pensamientos es algo real en la práctica de la vida marital, de modo que cuando él no satisface esa clase de necesidades sin una comunicación clara y abierta se vuelve un punto álgido en la relación y un motivo de desavenencias conyugales. El ejemplo más claro de lo anterior es el olvido del aniversario matrimonial. Para muchos varones, las fechas conmemorativas suelen no tener la misma importancia como lo es para la mayoría de las mujeres. Aunque el sexo femenino ha sido educado bajo premisas un tanto distintas, en si la mujer muestra una naturaleza diferente en su forma de ser y expresarse. Por supuesto que ello tiene que ver en la forma de sus relaciones con el sexo opuesto. Desde muy jovenes las chicas saben de los encantos de su género y de su papel en el contexto, particularmente frente al sexo masculino. Veamos el primer desafío que cada mujer experimenta en su relación con los hombres: la prueba del amor en la juventud y en el noviazgo.

LA PRUEBA DEL AMOR

El noviazgo es un tema central en la etapa de la adolescencia, y es también un asunto que los padres muchas veces no saben como manejar. Inclusive, existen diversas y muy variadas concepciones de como debiera llevarse el asunto del noviazgo con los hijos; de que si es algo permitido hasta cierta edad, o bien si la familia esta abierta al tema y los hijos tienen libertad de asumir al noviazgo en edades comprendidas de los 13 a los 17 años sin mayores complicaciones. Esta etapa de la vida es de hecho una de las mas complicadas, y lo es tanto para los jóvenes como para los padres. Existe un temor generalizado entre los padres de familia acerca del tema de los novios a temprana edad. El temor apunta a la posibilidad de que la jóven, en el caso de las niñas, se embarazen. Para el caso de los niños, los padres tienen el temor de que los jóvenes interrumpan su vida de muchachos y adquieran un compromiso de adultos para el que nos están preparados. La prescencia de un bebé para quienes aún no están preparados en ningun aspecto de la vida para asumirlo es en realidad un problema embarazoso. Niños criando niños no es un tema deseado en ningún sistema de familia, no obstante es una amarga realidad que nuestra sociedad y nuestras familias en general encaran, y en muchos casos es algo que se repite de manera continua en un solo hogar, en un mismo hijo(a) o en los hermano(a)s.

En las relaciones heterosexuales, justamente una de las más grandes mentiras de todos los tiempos es la siguiente: "Si verdaderamente me amas, debes darme una prueba haciendo el amor conmigo" La vileza de este argumento ha estado vigente por siempre, y lo peor del caso es que muchas jovencitas, y otras no tanto, caen ingenuamente en las garras del supuesto enamorado; las que no son tan ingenuas, no es que caigan rendidas ante tal petición, sino que ya lo esperan con mucho deseo, y hasta lo provocan de alguna manera para hacer mas fascinante el momento y experimentar un sentimiento de estar siendo halagadas, seducidas y conquistadas por el chico, cuando quizás es al contrario y al hombre le queda fácil aquella prueba de amor que se ve venir. Pero la pregunta es si el chico ama a su novia o prometida en forma sincera. Cuando el valor de la castidad en una mujer es grande e importante, su comportamiento respecto de mantenerse respetada es una consecuencia de ese valor. La castidad no es una moda o algo parecido que tenga que cuestionarse, y mucho menos tacharse de manera peyorativa, es mas bien una forma de respetarse a sí misma y, en consecuencia, de mantener la condición de que los demás le den el mismo honor. Muchos chicos advierten la operatividad de este valor en algunas mujeres y, por efecto de ello, experimentan una clase de respeto que los aleja de ellas porque saben que por allí no habrá fiesta. Otros chicos, quizás los menos, celebran a las mujeres que defienden la castidad o su virginidad, y se convierten en su principales defensores y ven en ellas a posibles candidatas para pasarla el resto de sus vidas. Debes creerme, el hecho de que algunos hombres aprecien la virginidad no significa que estén de acuerdo en respetarla. En muchos casos ni siquiera ellos mismos han respetado la propia, mucho menos la de las chicas. Y en esto coexiste una clase de machismo que, tristemente aún opera en los esquemas de muchos hombres. Si la frase "dame la prueba de amor" fuese verdadera y honesta, entonces no tendría razón de ser, lo cual la convierte en paradójica; es realmente un mensaje contradictorio, pues el que realmente ama no le pide a su chica que le entregue algo aque la hará sentir mal. El hombre que realmente ama a una mujer la respetará cabalmente en todos sus valores y no la incitará a hacer algo encontra de lo que ella piensa y siente. Así que cuando un hombre se te acerque y te pida la famosa prueba de amor, es decisión tuya la de faltarte al respeto o de exigirlo. Podrás decir que ya no eres virgen, pero eso no significa que no puedas llevar una vida de castidad. Cualquier joven comete un error de juventud; eso pasa en forma recurrente, pues se dejan llevar por la moda ("es que todo mundo lo hace") o por la presión del novio. ¿Puedes imaginar que el que dice que te ama es el primero que te presiona a hacer algo encontra de tus valores? Me pregunto entonces, como te tratarán los que no te aman. Pero enmendar el camino es de humanos, rectificar para mejorar ofrece prospectiva, y no tienes que tirarte por aquello de que dejaste de ser virgen y nadie te va a valorar como antes. Es cierto, podrás no ser virgen, pero puedes iniciar una vida de castidad respetándote y haciendo que los demás te respeten. Debes creerlo, muchas veces la virginidad se lleva en el corazón. Muchas mujeres que se jactan de serlo no llevan una vida casta sino más bien una existencia de libertinaje y desorden, y ciertamente llevan una vida sexual sin penetración, no obstante aún así se sienten muy dignas porque su "himen" no ha sido trastocado. Ese es un error que muchas jovenes cometen. En el fondo de ellas hay un sentimiento de verguenza y culpa, pero se justifican por el hecho de que no han sido penetradas por el varón, aunque han hecho de todo sexualmente hablando. Siguen siendo virgenes desde el punto de vista anatómico, pero espiritualmente no lo son, y en los corazones de ellas habita el fantasma de la indecencia y la impureza. Como mujer, debes defender el derecho de ser virgen en todos los aspectos de tu persona y llevar una vida de castidad que te permita ser una hija digna de Dios. No se te olvide que el cuerpo es templo del

Espíritu Santo y, por tanto, debes protegerlo del oprobio y deshonra. Recuerda, la famosa prueba de amor es una gran mentira que a muchos hombres conviene porque consiguen la diversión que buscan. Si tu novio o prometido insiste en la prueba de amor, y tu no deseas romper con tu virginidad y/o castidad, es tiempo de cuestionar cuanto realmente te quiere, porque al que ama lo único que quiere es que su amada se sienta féliz, digna y respetada.

¿Qué hacer para prevenir esta situación en la familia y entre nuestros hijos? Cuando el hecho no deseado ocurre, no hay más que apoyar y buscar prevenir que ocurra en la misma persona ó en los hermanos. Pero cuando tienes hijos adolescentes y esa situación no se les ha presentado, tenemos que advertir a nuestros muchachos de las consecuencias de sus actos. ¿Usted platica con sus hijos o hijas sobre ello? Si es así, es razonable que sus hijos tengan esclarecida la noción de lo que ocurre cuando un embarazo no deseado llega al hogar. La vida ya nunca es igual. El ó la jóven se ve obligado, en cualesquier circunstancias, a cambiar sus perspectivas de vida futuras, sus metas y demás. Se ve obligado a hacer ajustes y arreglos en su incipiente vida de modo que las tareas propias de un chico ó chica se ven afectadas enormemente. El ó la jóven, sin serlo, se convierte en un adulto, más motivado por las obligaciones y las responsabilidades que conlleva la prescencia de un bebé en sus vidas que por cualquier otra cosa. Todo esto y muchas cosas más nuestros jovenes necesitan saber para estar preparados en las decisiones que solo ellos tomarán en momentos especiales; en los momentos de presión; esos momentos en los que las emociones debilitan nuestras defensas. Solo recuerde que las hormonas trabajan a un porcentaje superior a la inaplazable capacidad del sujeto de controlarlas. El diálogo y la confianza entre padres e hijos es un ingrediente fundamental para esos momentos en que los muchachos pierden el control y ceden a sus instintos y deseos sexuales.

Es importante agregar que el noviazgo es un tema aparentemente sencillo. Muchos padres adolecen de la capacidad de dialogar con sus hijos en forma clara cuando de novios se trata. No lo hacen y creo que muchos padres nunca lo hicieron cuando sus hijos fueron adolescentes, perdiéndose la oportunidad de conocer y disfrutar a sus hijos en un aspecto mas íntimo y personal. Además, sus propios hijos no tuvieron esa oportunidad de disfrutar a sus padres, de tener confidentes en casa, los mejores amigos con quién compartir sus aventuras, sus aciertos y desaciertos, sus amores y desamores. Por ésta razón, debemos asumir el noviazgo como un tema central en la vida de los jóvenes, y asumirlos desde el lado de padres responsables porque a nosotros los adultos nos corresponde también. Somos corresponsables de lo que nuestros hijos hagan y dejen de hacer. Si la frase "dame una prueba de amor "es, por decirlo de algún modo, figurativamente la variante asociada a un embarazo juvenil, entonces también eres copartícipe de este hecho por omisión o negligencia parental. La responsabilidad como padres va má allá que la de simples provedores materiales. Es tan solo el principio de una responsabilidad mayor que dura toda la vida, y como parte de ella de manera sustantiva la de amarlos mucho y educándolos para la realidad que les espera a cada etapa de la vida.

Finalmente, debemos ser cautos cuando de educación sexual se trata. Si sabemos que a "ella" algún día, con cierta probabilidad, se le pedirá "la prueba de amor", entonces nosotros debemos darle ya una lección de amor para que desde entonces nuestra hija esté cobijada, protegida y alertada de la realidad futura. Posteriormente, cuando se convierta una adolescente estará prevenida y sabrá como responder. No es una garantía con sello de por vida, pero te aseguro que funcionará en la mayoría de los casos. Si es el caso de "él", la posibilidad de solicitar una prueba de amor siempre está presente, así que el peligro siempre es algo latente. En tal caso, comienza por darles una prueba de amor reflexionando acerca del tema de las relaciones sexuales y de sus consecuencias. Líbrate de prejuicios y háblales claro. No permitas que ningún obstáculo se atraviese en el camino. Prepara la información y la manera según la edad del jóven. Recuerda, nunca es tarde y como padre es una responsabilidad que te pertenece, es intransferible. Nadie más lo hará mejor que tú, y tambien debes saber que ese es un derecho que le corresponde a tú hijo. Consecuentemente, no desistas de tú responsabilidad, ni le quites el derecho a tú hijo de estar prevenido.

ORGULLO Y VANIDAD PERSONAL

El engreimiento y la arrogancia son factores con los que algunas damas tiene que lidiar desde siempre. No obstante, algunas mujeres clasificadas como orgullosas y altaneras, o no saben de su condición o bien no desean cambiar a pesar de estar concientes de ello, quizás porque no consideran que deban cambiar y sienten que están muy bien con ese modo de ser. De hecho, muchas mujeres en el mundo no saben del valor de la humildad en su personalidad, y mas bien advierten en ello una señal de debilidad femenina y/o servilismo ante los varones. Mas sin embargo ello no es así en la realidad, porque la mayoría de los hombres desean a chicas dóciles y sencillas, lo cual no está peleado con la preparación académica, ni con el crecimiento profesional, ni mucho menos con su autoafirmación como mujeres. A pesar de todo, hay féminas que con su condición de orgullo y altivez se han visto afectadas en su vida amorosa y sus esfuerzos por cambiar se han vuelto prioridad en sus vidas. Muchas veces, para estas mujeres de orgullo grande, petulancia ancha y pedantería a flor de piel les cuesta un trabajo enorme el cambio porque han sido educadas bajo el sello del narcisismo y egocentrismo en el que solo existen ellas y nadie más.

Muy posiblemente te encuentras desesperada por que no llega el hombre de tu vida. Se pasan los años y no ves llegar la hora en que tu corazón tenga dueño. El hombre con el que siempre has soñado no aparece por ningún lado, y lo que se asoma en tu vida como una sospecha de que algo serio sucede, por lo menos asi lo sientes, y es que todas tus amigas están comprometidas o casadas con su príncipe al que tanto añoraban. La felicidad no parece estar de tu lado y te deprime tu propia situación actual. En la intimidad de tu ser recurres al pasado, y casi como con arrepentimiento te fustigas a ti mísma por el hecho de haber sido tan dura y exigente en tus relaciones anteriores. Incluso te cuestionas tu mísma reprobando tus actitudes y valores con los que has actuado. Lo primero que te llega a la mente es "si no hubiera sido tan mala con fulanito quizás hasta ya estuviera casada como ahora mis amigas lo están" Te miras al espejo y te recriminas por tu forma de ser y hasta por como eres, ya sea por dentro como por fuera. Comienzas a preguntarte sobre los motivos de tu extendida solteria y, mas allá de ello, de las razones de tu extrema soledad. Por supuesto que mantienes oculta esa soledad para no despertar la sospecha ante los demás acerca de tus sentimientos de vacío interior, de un corazón que sufre terriblemente por la ausencia de un amor que lo complemente. Otra cosa que pasa en tu intimidad respecto a esa situación en la que la formalidad de un noviazgo no arriba a tu vida es la de que, muy a pesar de tu belleza exterior, experimentas cierta envidia en las mujeres no tan bellas exteriormente; consideras que es injusto para ti lo que te acontece, pero vuelves a mirarte al espejo y te asusta ver más allá, decides esquivar el asunto y justificarlo sin dar una real y auténtica resolución de modo que pudieses encontrar una respuesta en ti mísma. Es doloroso reconocerte en tus errores y traumas, y encuentras "saludable" reprimir lo indeseable a la inconciencia. La vaguedad de este dilema no desaparece del todo y prefieres mantenerlo como un asunto por separado a pesar de que reconoces de que es de vital importancia. Pones de relieve la condición de que otras cosas están fallando, quizás los chicos no se han dado cuenta de que eres linda y sensitiva. Es posible que los muchachos están ocupados en tantas cosas y es por eso de que ni siquiera se han fijado en ti. Es posible que comienzes a experimentar que requieres de más cuidados personales en tu estética y apariencia, y es entonces que te conviertes en la cliente número uno de la clínica de belleza de la esquina y asidua del gimnasio cercano al barrio. No obstante que tu figura luce bien, tu misma pareces verte muy mal, y entonces das inicio a una rutina alimentaria en la que solamente comes lechuga y más lechuga, y tomas agua y más agua. El resultado de todo esto es peor que la solución empleada, y en verdad no trae nada sano a tu vida mas que tristeza y desolación. Pronto te das cuenta de que el sentimiento de oquedad te oprime y la tristeza se intensifica. En la relación con tus confidentes das rienda suelta a tus soñadas pretensiones y a los fracasos experimentados. En esa relación confidencial, normalmente con una amiga con la que compartes tus intimidades, es en la que te muestras tal cual con todas tus flaquezas y debilidades. En dicha relación encuentras un alivio temporario a tus fracasos amorosos, y aún de otro tipo. En el fondo sabes muy bien que a los chicos no les atraes como tu quisieras, y te invade la idea de ser mas accessible con ellos, de modo tal que encuentren la entrada a tu vida en una forma más fácil y sin tantas dificultades. Entonces es probable que comienzes por ceder algunos de tus principios morales a pesar del sentimiento de culpa que eso te genera. Es tal tu ansiedad que te enojas contigo misma, te culpas de lo que te pasa y te sientes fea y poco atractiva a los hombres. La amargura se origina a causa de ello; no te soportas ni tu misma, todo te parece mal y hasta el estar con tus mejores amigas te causa cierto malestar. Maldices a los hombres, y en tu vida parece principiar un estado de depresión mayor; tu ambigüedad provoca serias afectaciones en la vida interpersonal y la vacuidad la experimentas con mayor intensidad cada vez. Has empleado de todo, desde un guardaropa completo de prendas superatractivas que va desde las minifaldas y los escotes atrevidos, hasta vestidos que no se repiten nunca más, de modo que la inversión solo en eso sobrepasa cualquier presupuesto. Has intentado el gimnasio para obtener una figura que no ha cambiado de manera significativa, pues con tanta ansiedad y nerviosismo tu cuerpo no obedece a tu mente, y a pesar de que ha sido grande el esfuerzo, son pocas las libras perdidas. Tu tocador repleto de pinturas, se parece mas bien a las acuarelas y todo el equipo profesional de pinturas de un artista profesional. Gastas una cantidad exagerada en polvos y pinturas para posar más bella y hermosa a la vista de los hombres, pero eso tampoco parece haber funcionado en forma efectiva. También, tus mejores amigas te han aconsejado y solo ha sido para testificar en carne propia la reducida funcionalidad de la mayoria de los consejos extendidos. Nada da al blanco por lo oblicuo de tu visión, y lo peor de todo es que los años se van irremisiblemente sin retorno. ¡Lo que darías por que un chico te quisiera por lo que eres y no por lo que tienes! Y es que la mayoría solo se fija en tu trasero y en tus pechos, luego en tu cara y al final en tu corazón, si es que hay tiempo para colocarlo en la jerarquía de las cosas que les interesan. Todo eso lo sabes y te disgusta que ellos sean así. Te encantaría que la cosa fuese al contrario. Que primero se fijásen en tu corazón, y luego en todo lo demás. El sentimiento de ser amante de alguién te parece muy complicado, pero lo vislumbras como una posibilidad, aunque a veces practicamente te viene a la mente la idea de renunciar a ser amada por alguien más, y que eso del príncipe azul es mera ficción, solo un cuento de hadas. Te tiras y renuncias a ti mísma de tener a un amor porque te dices no merecerlo. Sobreviene el desgaste, la renuncia y con ello la amargura y la desesperanza.

Un vistazo al exterior de tu persona nos dice que todo marcha de maravilla. Al ojo del observador común resultas ser una chica de apariencia muy opuesta a tu sentimiento interior. Quién diría que, a decir por tu facha, tuvieses una autoestima tan desalentadora. Y es que al contacto con los demás eres la heroína de las fiestas, la compañera perfecta, la amiga genial, la mujer fuerte y segura, asertiva y directa en su personalidad. No obstante que tu interior sea otra cosa muy distinta, te esfuerzas por mantener una imagen de mujer de temple, y además de inexpugnable al trato; eres como una persona enigmática, misteriosa e impenetrable, pero por sobre todas las cosas de una apariencia de felicidad total y satisfacción con la vida que llevas. Cada día que pasa es un número menos a tu juventud, pero tratas de que eso no te quite el sueño y te insertas en la vorágine de los acontecimientos propios de tu juventud y de los detalles que van y vienen en las relaciones interpersonales con tus amistades. Tu sola te debates en tu tristeza, pero nadie o solamente tus mejores amigas lo saben, las únicas con las que puedes abrirte sin cortapisas en lo que se refiere a tus frustaciones y temores en la vida amorosa. Muy a menudo te conviertes en una persona con una doble vida, lo que provoca un desgaste personal de graves consecuencias para tu salud en general. Un grueso tapiz cubre la inmensidad de tu tribulación y amargura. No obstante lo grueso, a veces se rompe tu cobertura, pero lo reemplazas en forma inmediata. Cualquier exposición de tu ser te vuelve vulnerable; no es otra cosa que tu ser que se asoma abriendo la coraza que la cubre, como si tu piel interior fuese abyecto y despreciable.

Te enojas de ti mísma y hasta te maldices por lo que eres denigrándote mordazmente, pero tu sola en tu vida íntima, en la soledad del espejo y tu corazón. Lloras unas lágrimas de frustación y desesperanza, y en ese vaivén de sentimientos negativos te avergüenzas de ti mísma, y en el peor de los casos te niegas a ti mísma. En el extremo de tus contradicciones y paradojas es que te dejas llevar por un acto de sumisión ante la autoconjura, el autosaboteo y tu misma te conviertes en tu principal enemigo. En un acto supremo de conciencia, retomas la batuta de tu complicada existencia y vuelves a ser la mujer firme e inescrutable, sólida e imperturbable. Adviertes que llevar esta doble vida resulta muy doloroso, y comienzas por buscar alternativas viables para aliviar la tensión. Tus traumas y complejos de superioridad, tu orgullo de mujer bella, atractiva e interesante te levantan por un instante, pero en este ciclo enfermizo las caídas ya son parte de la rutina diaria. Solo tu conoces de los fracasos, pero los demás sospechan de tu infelicidad. En verdad eres presa fácil al exilio porque te persiguen las pulsiones primarias desde el aposento de la decencia hasta la puerta ancha de la vida de placeres, de la renuncia de los valores de respeto y castidad para entrar a una vida en la que atentas contra tu propia persona, contra tu espíritu, y, lo mas alarmante, contra tus propios principios que salvaguardan tu integridad. Quizás tu moralidad es más fuerte que tus propios impulsos, no obstante sientes ese gusanito que te recorre día a día y que te tienta hasta los huesos. Comienzas por ceder y te tiras al pecado, a la vida mundana. Tus cadenas enfermizas te han secuestrado y la posibilida de recuperarte, aunque no imposible, es verdaderamente complicada. Tal vez tus esfuerzos son denodados y te separas del optimismo para ceder al fatalismo, y de ese modo programas tu corazón para no sentir la desilución. Intelectualmente hablando todo parece estar bien contigo; no obstante que la academia o el club de no sé que, se convierten en tu refugio bendito para primeramente ocultar tu desbalance, y por supuesto para subsanar el hueco del desamor, la hendidura grande en tu corazón te ha marcado y, aún así palpita por su complemento. Posiblemente llegas a convertirte en una veterana de las aulas universitarias o en la presidenta del grupo social. Puede que no estés interesada en proseguir tus estudios, pero en tal caso las actividades laborales en las que te desarrollas son para ti como un bálsamo para calmar tu dolor, tus ansiedades y los síntomas de una solteria que se vuelve extensiva porque nadie parece estar interesado en ti como mujer. La fortaleza de conciencia te mantiene en pie y favorece que la depresión, afortunadamente, no sea una opción en tu vida. Pero sin embargo, no pocas veces ocurre que experimentas un sentimiento de intensa soledad, de que nadie te quiere, y de que corres el peligro de que el tren pase pitando una vez más y te deje atrás en el camino. Entonces comienza una crisis existencial que te imposibilita ser feliz, y hasta las cosas más simples y hermosas han dejado de sorprenderte. Dicha crisis es notoria en todos los aspectos de la vida cotidiana. Lo curioso es que la última en advertirlo eres tu mísma, pero los síntomas de esa crisis es evidente a cualquiera, y es que se te nota en tus rasgos, en la faz, en tu sardónica sonrisa, en tu lenguaje no verbal, en todo tu cuerpo. La crisis muestra los estragos dejando tras de si una muerte del amor en vida, una funcionalidad a rastras, una vida a base de inercia automatizada, robotizada, de simples movimientos que responden a una suerte de señales de supervivencia; una clase de vida vegetativa en el amor. La capacidad de amar es cosa del pasado, y ni un ápice del deseo de dar debido al bajo umbral de sentir el amor. Imposible dar lo que no se tiene. La vida ya no es vida, es la muerte la que opera tu vida, la inunda de su fuerza y eso es lo que provoca la pesadumbre, el dolor anquilosado de un corazón que alguna vez quiso ser en el deseo de amar y ser amado, ahora incrustado en el ostracismo espiritual.

El dilema del cambio y las posibilidades de superación para convertirte en una mujer más positiva y empática entran en un interjuego en el que tu tienes la última palabra. En ti es en quién debe fraguarse la iniciativa, y el poder que tienes para cambiar tu mundo es grande, por eso es que debes asomarte a otras posibilidades. Ser humilde de corazón es quizás un mito para muchas mujeres, pero la realidad es que las mujeres mas felices en este planeta son aquellas en el que el rasgo de la humildad forma parte de sus personas, de sus esquemas y proyectos de vida.

BAJA AUTOESTIMA

El concepto de si mísmo es de suma importancia para el ser humano en general. Del buen concepto que la persona tenga de sí, será la forma y la seguridad como se conduzca en las relaciones interpersonales, en su famlia, y sobre todo ante el sexo opuesto. Quererse es respetarse y valorarse en todos los aspectos de la vida. Y este sentimiento debe tener como base una apreciación real y no fingida de la esencia que como persona posees. Cuando se tiene una baja autoestima la mujer se retrae de las relaciones con el sexo opuesto, justamente debido a una concepción errónea de si mísma sientiéndose poca cosa e incapaz de merecer la atención de un buen chico y de aspirar a su amor. Nada tiene que ver si la chica es guapa o no, si es delgada o gruesa, alta o baja, morena o blanca. En realidad nada de estas cosas tiene que ver con una baja o alta autoestima, no obstante la sociedad tiende a producir un efecto negativo en la concepción que se tiene de ciertas personas con algunos estereotipos debido a los prejuicios tan grandes existentes en la cultura. Más allá de estas variables, la mujer forma su deprimente concepto de si mísma en la familia de origen. De allí nace el buen o el mal autoconcepto. Sin embargo, de adultos debemos de luchar en su contra siempre con la certeza de que lograremos un mejor mañana, un amanecer con una mejor perspectiva en el asunto de quererse y valorarse positivamente.

¿Te has puesto a pensar en lo importante que eres? Más de las veces creemos que el valor positivo de si mísmos cae en el vacío y que no deja huella en nadie, excepto por lo negativo que pudiera ser para el otro. Esto es desafortunado porque la realidad es que tú vales mucho, incluso más de lo que imaginas. Yo acuerdo en que validarse trae connsigo una serie de traumas personales que dan al traste con el crecimiento personal. No estamos acostumbrados a vernos las cosas buenas y positivas. Por eso, antes de cualquier intento de cambio, debemos de sostener un enfoque positivo de nosotros y expresarlo abiertamente a los demás, especialmente con los que mantenemos un contacto mas o menos estrecho. Mantener un enfoque netamente positivo acerca de nosotros es ciertamente desafiante. Una de las cosas que lo sabotean es el prejuicio de que alguién más debe decir lo bueno de ti, por que si lo dices tu misma, supuestamente eres una pedante y engreída. Significa que muchos de nosotros estamos negados a reconocernos en el lado de nuestras virtudes y capacidades. Y sin embargo aceptamos toda clase de ideas que nos subestiman, y ¿sabes de parte de quién? pues principalmente de nosotros mismos. Haz una mini encuesta entre tus amigos y pregúntales sobre sus defectos. Luego diles que hablen acerca de sus propias virtudes. Notarás que para subajarnos no hay peores verdugos que nosotros mismos. En cambio a la hora de hablar bonito sobre nosotros, como que callamos y nos cuesta trabajo aventarnos flores. Éste prejuicio cultural no tiene por que limitarte. Vales muchísimo y tienes que hacerlo patente en tus relaciones. De nueva cuenta, trata de mostrarte con tus cualidades y con tus defectos, pero sopesa que estos últimos no rebasen a los primeros, y mantente positiva ante todo. Estar siempre con una actitud positiva y optimista tiene un efecto alentador en la vida, en las relaciones con los otros, en la familia y con el mundo. Ser positiva es el equivalente a tener una mejor vida.

LA MUJER CON UN PASADO

De particular importancia es saber como se comporta la mujer que entabla una nueva relación, una relación seria y formal con vísperas a formar algo más sólido y duradero, por supuesto buscando el amor de un hombre que se convierta en su pareja, cónyuge o en el esposo tan deseado por muchos años y desde siempre, siendo que dicha mujer ha vivido ya sea un pasado de quebrantamiento amoroso, ruptura matrimonial, excesos en sus relaciones previas, noviazgos tormentosos, embarazo durante la adolescencia, promiscuidad sexual, o incluso una combinación de dos o tres de dichas condiciones, e incluso otras no menos indecorosas que no alcanzo a enlistar aqui. Podría resultarle un tanto complicado a una mujer ese cúmulo de situaciones previas cuando la intención es llevar la mejor carta de presentación ante un nuevo desafío amoroso, y me refiero como a un especial desafío debido a la carga del pasado que gira en oposición al establecimiento de una confianza plena dentro de una nueva relación de pareja. La mujer con un pasado tal que le haga sentir culpa y verguenza, tiene ante si un problema que resolver consigo misma antes de aspirar a la iniciación de una nueva y distinta relación de amor con un hombre que la quiera de verdad, que la comprenda sin juzgarla por muy difícil que haya sido lo vivido antes. No hay nada en un pasado, por vergonzoso que sea, que robe tu dignidad de mujer. En el Evangelio de Juan vemos a la mujer adúltera en la que Jesús pone en entredicho la vulnerabilidad de los fariseos y los maestros de la Ley. Nadie fue capaz de condenar a esa mujer porque el pecado rondaba en cada uno de los que presenciaron aquel evento en particular. Solo Cristo pudo haberlo hecho, pero su Gracia se hizo presente al ver en aquella mujer un corazón arrepentido. "Vete y en adelante no vuelvas a pecar" fueron sus santas palabras dirigidas a la mujer en cuestión (Juan, Cap. 6, Versículos 3 al 11). La mujer debe mantener ante todo la dignidad muy en alto. Este valor humano no tiene precio y nada ni nadie puede destruirla, de modo que ante cualquier situación ese amor propio, pundonor y honra deben ir por delante. Cuando renaces con una nueva actitud, dejando atrás a la mujer de antes y renovándote cada día en el Señor aceptando tus propias fallas y asumiendo la responsabilidad de las consecuencias,en verdad tienes ante ti el mundo por delante, y no hay hombre que se resista a la honestidad y el valor de la mujer que se sobrepone a sus propios fantasmas psicológicos. Si te aceptas con todo ese pasado que te hace sentir mal y por el cual has experimentado gran arrepentimiento, y que ha sido motivo para ser señalada por la sociedad y aún por tu propia familia y recobras tu valor como persona a pesar de todo eso, y sin que nada de lo que hayas hecho te haga mella en el corazón, entonces tu representas una mujer de gran valor y orgullo, una mujer de lucha y tenacidad. Eso enamora mucho a un hombre, sobre todo porque lo que proyectas es la capacidad de sobreponerte a las circunstancias adversas y el logro de salir adelante con la frente en alto sin negar un pasado que te ha dolido hasta en el alma. Por el contrario, si tu pasado es motivo de ocultamiento y reservas en tu relación actual porque te avergüenzas de lo que alguna vez fuíste o hiciste, es abvio que no has avanzado en la superación de tus ataduras, sino que mas bien te has convertido en su rehén. Nunca he creído que un hombre se enamore de una mujer que, respecto de su pasado, mienta o que oculte, que para el caso es lo mismo. Así que si te encuentras en la construcción de una nueva relación procura usar materiales resistentes tales como la honestidad, el respeto, la aceptación de un pasado y la puesta en marcha de la dignidad. No sea que ante cualquier viento el edificio de tu relación se derrumbe dejando ver la debilidad de materiales tales como la mentira, el engaño, la vileza, las actitudes abyectas e indecorosas y, sobretodo, la falta de respeto a ti mísma.

Ahora bien,¿cómo dejar de ser lo que se es, si el pasado no puede borrarse? Cierto, el pasado no puede ni nunca podrá borrarse de tu mente. Entonces lo que te queda por hacer es librar una batalla contra ese pasado adverso para debilitar sus efectos sobre ti. Es complicado reconocer los errores propios, pero la única forma de rersolver un conflicto es hacerle frente, encararlo con valor e inteligencia, pero sobre todo con la entereza de que nunca podrás borrarlos de tu mente, y con el entusiasmo positivo de que te querrás tal cual como eres sin quitarle ni ponerle nada. ¿Lo harás sola?, bueno, puedes intentarlo, pero mi sugerencia y deseo personal es que te apoyes en el Señor para que te ayude a sobrellevar las cargas del pasado depositándoselas justamente a Él, y justo porque tus fuerzas han menguado por tanto esfuerzo y no has podido finiquitar este asunto con tus recursos. Tan solo mira hacia atrás en el tiempo y respóndete tu misma si has podido resolver tus flaquezas al respecto. Si respondes afirmativamente pues te felicito. Pero sino, pues ahí está el Señor para que se haga cargo de lo que no has podido lograr para superar tus cadenas. Tan simple como tener fe en Él y pronto notarás la manera tan especial como trabaja en tu vida cuando lo dejas entrar. Entonces, te aseguro que antes de que "cante un gallo" darás testimonio acerca de lo maravilloso de su obra en tu propia vida.

Muchas mujeres con un pasado que la sociedad y la propia familia estigmatiza de forma negativa, actúan de forma muy especial ante una nueva relación en sus vidas. Es como si estuviésen pidiendo sobras de amor, como si el pretendiente fuese el único en el mundo. El comportamiento de tales mujeres suele tener una actitud más abierta a la vida, y suele reflejar un decaimiento de valores en sus relaciones de noviazgo. Están mas abiertas al sexo antes del matrimonio; de hecho la mujer con un pasado contiene cierta reserva hacia el sacramento matrimonial considerándolo no escencial en sus vidas. Esta variable pudiese tener como lectura la derruída autoestima, debido precisamente al sentimiento de rechazo de quienes se constituyen, por un lado, como su familia, y a la autocondenación por la gran culpa de sus propias decisiones equivocadas en el pasado, por el otro lado. Pueden sentir que por lo que ya vivieron no se merecen el trato de una dama tal cual como otras lo reciben. La diferencia es que ellas sienten que su pasado las atosiga y las hace no merecedoras de un trato de respeto y admiración como cualquier otra dama. Las damas con una mala estigma se perciben como indignas de que un buen hombre se enamore de ellas, y se conforman con cualquiera que les toca la bocina del coche sin que se digne bajarse del mismo para recibirlas en la puerta de la casa. Aunque no es una regla general, las mujeres con un pasado tormentoso tienen mayor inclinación al sexo fuera del compromiso porque quizás ya perdieron su virginidad antes, y se les hace muy fácil acceder a las peticiones del chico de irse juntos a la cama porque quizás con ello lograran atraparlo, cautivarlo, embelezarlo. Ni un resquicio de mantenerse casta pues son mujeres que ya pasaron por las relaciones de "manita sudada" y eso ya no es para ellas, ni para que engañarse, ya conocieron el mundo y nadie les creería de su recatamiento si lo intentan, ni siquiera ellas mismas. Eso sería como un autoengaño, pues por dentro solo ellas saben de lo que han sido capaces. Imaginan que esa actitud abierta enamorará a ese hombre al que se entregan con tanta facilidad y en tiempo record de conocerlo. Nunca es bueno decir que algo ocurrirá, ni mucho menos asegurarlo pues en las relaciones interpersonales no existen principios que den certeza de que algo pasará, pero en cambio existen las probabilidades, y en eso quisiera remarcar que la probabilidad de que un hombre se enamore de una mujer que se va a la cama antes de un compromiso matrimonial y en tiempo record después de conocerlo, es ciertamente una probabilidad baja. En cambio, si eres una mujer que se da su lugar no obstante el pasado, y no caes en la famosa prueba de amor que los hombres en general solicitan de una mujer, es mas probable que a ese hombre comienzes por fascinarle y a volverlo loco por ti. Muchas cosas dependen de ti como mujer. Solo basta recobrar tu dignidad y hacerte valer como la gran mujer que eres. Ningún pasado puede ser mas fuerte que tu, ni tampoco debes dejarte vencer por el estigma impuesto por una sociedad que no todo lo que dicta es lo correcto.

UN PASADO DOLOROSO

Es inherente al ser humano la preservación y el cuidado de su integridad en todos los aspectos, tanto físicos, como sociales y psicológicos. En ese cuidado, ponemos un especial acento sobre nuestras personas como seres pensantes, seres con sentimientos, atributos y habilidades, así como también con traumas personales y vivencias difíciles de superar en nuestras vidas. Precisamente, por todas aquellas cosas complicadas que nos han pasado, decidimos colocar un candado a nuestro corazón y no permitimos en lo absoluto que nadie se entere de lo que hay dentro de él. Se vuelve el lugar más inaccesible y espinoso de nuestro ser, de manera que ni siquiera nosotros mismos queremos saber más de lo que hay dentro, porque justamente eso es lo que odiamos con todas nuestras fuerzas. Hemos pretendido sepultarlo, pero nos ha sido imposible. Entre más lo queremos olvidar, más se hace presente en nuestra conciencia. Entonces colocamos un disfraz, y colocamos en la punta del mismo lo que queremos que los otros piensen de nuestra persona. Cuándo esto sobreviene, dejamos de ser y reposamos en falso, menguando el autoconocimiento y, por ende, la autoestima. La consecuencia inmediata es la infelicidad, la insatisfacción de lo que somos, de lo que hacemos y en lo que estamos. Surgen las crisis neuróticas, las crisis existenciales y las crisis de identidad. Nada nos llena y todo nos ahueca dejando un edor a podrido que no soportamos y que, desde luego, nadie a nuestro lado lo soporta. Lo que viene a nuestras vidas como efecto de todo este embrollo de eventos en nuestra experiencia es el disimulo, la hipocresía y el orgullo. Cada sentimiento viene a ocupar un espacio en nuestras necesidades y en nuestros miedos. Disimulamos por que necesitamos ocultarnos. Nos afecta lo que la gente piense de nosotros. Si alguién nos encara con lo anterior, nos enoja y lo negamos, arguyendo que no nos importa lo que la gente piense. Que dizque es en lo que menos pensamos; que ni tenemos tiempo para eso. Eso es lo que decimos, ¡sarta de mentiras! Es lo que más nos afecta. Esa es una de las cosas a las que acudimos, pero por dentrito de nosotros mismos sabemos bien que eso es una mentirota tan grande como cualquier torre situada en una gran ciudad. También nos volvemos hipócritas. En esto no ocultamos, sino fingimos sentimientos que no poseemos, sentimientos generalmente positivos respecto de si mísmo, de otras personas y de situaciones en general que la vida nos pone de frente. Es importante que la gente piense bien de nosotros, que se lleve la mejor impresión de nuestras personas, aunque por dentro seamos otra cosa muy distinta. Mentimos tanto que empezamos a crear espejismos sobre nosotros, y llega un momento que no podemos más. Reventamos con todos y con todo para luego en unos cuantos días volver a ser los mismos de antes, sin mayor pena ni gloria; de vuelta al falso redil. También recurrimos al orgullo, el cual como sentimiento ha sido tan vituperado que ya nadie quiere usar para resaltar las cosas positivas de la persona. El orgullo tiene dos caras, y ellas son tan opuestas como la luz y la oscuridad. La verdad es que hay un orgullo verdadero, colmado de buenos sentimientos que no intentan emancipar a nada ni a nadie. Es el sentirse satisfecho consigo mismo por los logros, con lo que se tiene y lo que la vida le ha proporcionado. El otro orgullo es el falso. Es el que usamos cuando un sentimiento de pequeñez nos invade; es cuando otros nos superan en lo que nosotros desearíamos sobresalir; es aquel mal sentimiento que entremezcla mentiras para luego olvidar que son purititas mentiras, es decir, del falso orgullo que nos conduce a la "metamentira". No se preocupe en buscar esta palabra en el diccionario. No la encontrará. No creo haberla leído en ningún libro que yo recuerde. Apenas la estoy usando por vez primera simplemente para indicar que el falso orgullo, el de aparentar lo que no es para achicar lo que si es, nos coloca esquemas mentales que manejan nuestro comportamiento ante los demás, y en esos esquemas mentimos por mentir; la mentira por la mentira. Cuando prevalence esta condición, olvidamos que mentimos, y de paso nos creemos lo que mentimos y actuamos en consecuencia. Nos alienamos tanto que no sabemos quienes somos ya. El orgullo nos ha secuestrado, y nos ha robado una parte de nuestra escencia. Cuando nos percatamos de lo que nos acontece, optamos generalmente por reprimir, por olvidar, y mira que para eso nos hemos convertido en verdaderos maestros. ¡Bendita represión que tanto me auxilias!, aunque sea una ayuda intrascendente. ¡ Vaya problema de identidad ! Vivimos un mundo aparente, con luz por fuerita, de imágenes y formas perfectas a la vista, pero no para el corazón, y con "muchísimos amigos" que nos "entienden" y nos "adoran". Los entrecomillo porque con ésta condición en la personalidad no se pueden tener amigos auténticos. Acaso tendremos uno o dos. No creo que podamos lograr más amistades profundas, íntimas y entrañables. ¿Conocidos? muchos; bastantes para cada momento falso y para cada mentira latente, pero muy pocos para el lado oculto, el lado real, tu verdadero yo. Una invitación al cambio siempre es sugerida. La bienvenida la tenemos que dar si queremos ser realmente nosotros y dejar de ser el nosotros irreal o ideal. El paso es creer en nosotros y no dar marcha atrás ni para mirar el polvo que levantamos. Despojémonos del fuero insano que nos mantiene atados y que nos oprime. Alejémonos de ello y busquemos la felicidad con lo que somos y tenemos. Tal vez tu pasado te oprime, pero no puedes vivir toda tu vida con esa carga. La experiencia o serie de experiencias que te hayan marcado en tu vida, deben dejarse justamente en ese pasado mas como referencia testimonial que como un agente destructivo de tu vida actual en la búsqueda del amor que tanto deseas. No importa la experiencia traumática que haya sido, ni la frecuencia con la que se haya presentado en tu vida. Lo importante es saber si estás dispuesta a entregárselo al Señor para que se haga cargo de ello. Si es afirmativo, solo te pido que tu entrega sea total. Si no estás preparada para esa conversión a Cristo Jesús, date un tiempo y no ceses de orar para que algún día la Buena Nueva se haga realidad en tu vida y logres los cambios que tanto deseas y encuentres el verdadero amor, o si ya lo posees, entonces logres consolidarlo con la presencia de Dios en tu vida.

CONCLUSIONES

Existen desafíos que siempre están presentes y que interfieren sobremanera en la vida de las mujeres para encontrar el verdadero amor. Es complicado para una jovencita decidir si un hombre la quiere o simplemente la desea como a un objeto sexual a la hora de que le solicita la prueba de amor. Lo que si es cierto es que la persona que te ame de verdad jamás querrá que hagas lo que no quieres hacer, ni mucho menos algo que te haga sentir mal o afecte tu vida. Así mismo, es importante dejar ver cuales son tus particularidades personales que frenan tu apertura al amor y que no permiten que seas feliz saboteando tu futuro a lado de alguién que realmente te quiera. Puedes ser que has sufrido demasiado con las figuras masculinas desde la figura parental en tu hogar, o tal vez te mantienes atorada en una relación que te aleja de la libertad de amar, o bien no has tenido la oportunidad, por alguna razón, de fomentar una autoestima valida y suficiente como para saber que vales mucho más de lo que imaginas. Pero nunca es tarde para avanzar y salir adelante en lo que deseas. Si realmente crees en tu fuerza interior, entonces debes creer con sobrada razón de lo que Dios puede hacer por ti ante cualquier obstáculo. No desistas en el camino, sigue adelante mirando de frente, con la dignidad bien puesta y con un corazón lleno de amor para compartirlo con alguién más.

AMORES VAN Y VIENEN

Amores que van
Amores que vienen
Amores que perduran
Amores que nunca vuelven

Verdaderos amores son
Los que entregan el corazón
Que no se ciñen a la razón
Y se dejan llevar con pasión

Cristo es mi ejemplo de amor
Encanto de sublime sacrificio
Contenido de un intenso dolor
Para beneficio del corazón mío

Debo dar como me enseña Cristo
Seguir su lección de amor puro
De darme a los que de Él tengan sed
De sacrificarme por aquellos en apuro

Amores que van
Amores que vienen
Solo espero en Dios
Que del Suyo mi corazón se pueble

SEGUNDA PARTE

AUTOREALIZACIÓN Y BUSQUEDA DE LA FELICIDAD

CAPÍTULO 4

EL PROCESO DE APRENDER
A SER FELIZ

E N NUESTRA NATURALEZA
de seres humanos todos
necesitamos de otros, y de alguna manera requerimos de la
convivencia, por lo menos el vivir cerca los unos de los otros
para efecto de asistirnos mutuamente en diferentes órdenes
y para las diferentes necesidades, y esa necesidad inicial
de no vivir aislado es lo que se llama conducta gregaria.
Si la respuesta del ser humano de vivir en asociación, es
decir de vivir conjuntamente, desde luego que cada quién
en su espacio vital, es una respuesta a las necesidades
básicas, hoy en día existe una urgencia cada vez mayor
en cuanto a ciertas necesidades que necesitan resolverse y
de satisfacerse a plenitud. Me parece que la jerarquización
de las necesidades cambia aunque, por su puesto, las de

carácter primario siempre aparecen en primer lugar porque son necesarias para el sostén de la vida. Mas sin embargo, aquí me refiero a otras que si bien el sujeto no perece sin su satisfación, en verdad ellas son imprescindibles para el balance y la armonía del ser humano. No basta un ser bien alimentado físicamente, sino un ser que también esté suficientemente bien retribuido de amor en sus diferentes formas, y para los diferentes papeles que lleva en la vida.

Bajo la constante del párrafo anterior, como seres humanos necesitamos y demandamos un equilibrio. Y en este balance entran una multitud de variables personales a considerar, y que el ser humano prioritiza de manera sustancial hoy día. Todas estas variables, por lo general van conectadas al deseo de ser amados, pero amados plenamente y, en consecuencia, de amar con todo entregando el ser de forma sublime. Podría sonarle cursi lo anterior, especialmente cuando nuestro corazón ha endurecido sus fibras y se ha vuelto insensible. Es dable mencionar que la vida que hemos llevado en el pasado nos ha marcado, y muchas veces nos entregamos a esta resolución como definitiva. ¿Cuántas veces no has renunciado al amor? Lo peor es que de manera consistente mitificamos éste sentimiento, lo vemos como en una vitrina alejada de nuestras posibilidades, o tal vez esperando a que llegue y el tiempo transcurre sin que esto suceda. Se nos mete a la cabeza que el valor de si mísmo se estropea con nuestros errores pasados, y pensamos también que los otros nos perciben de ese modo, es decir, mirando con la misma lente que utilizamos nosotros mismos para juzgarnos. De este modo no es de extrañar que el amor parezca estar muy lejos de nuestras posibilidades. Quizás no nos hemos puesto a reflexionar que ese amor al que tanto le rezamos para que venga, y que no parece escucharnos, nosotros mismos lo estamos saboteando. Bueno, con esto ahora quizás ya no nos parezca cursi, pero nos causa cierta perplejidad, aunque de pronto como que aparece una palabra de esperanza porque entonces hay algo que podemos manipular para poder acceder a lo que hemos deseado por un tiempo que solo nosotros sabemos. La idea de este capítulo es dejar claro que el amor no anda en burro, ni mucho menos está del otro lado de la cortina. Ese amor está a tu alcance, porque habita precisamente ahí en ese lugar donde usted lo sufre y lo añora: ¡su corazón! Bueno, déjeme guiarlo a donde yo creo que usted necesita arribar para tener luz al respecto. Veamos pues lo siguiente.

EL DEBER DE SANAR INTERIORMENTE

Queda claro que ese deseo de amar permanece, aunque el darse al otro yace muy profundo en un mundo aparte viviendo una dualidad que lo mantiene atorado. Por lo menos reconocemos que hemos amado en el pasado y que el corazón aún suspira. Empero, esta circunstancia es un tanto engañosa ya que los seres humanos, sea por estoicidad, masoquismo, negligencia o por cualquier otra cosa, no dejamos de mutilar los buenos deseos, no cesamos de autocastigarnos como si una culpa nos fuese pisando los talones y nunca nos dejase libres. En ocasiones somos concientes de lo que nos pasa, pero en otras no tanto. Pero eso no significa, ni mucho menos justifica, el hecho de que esas experiencias condicionantes nos mantengan en el ostracismo psicológico manipulados por los fantasmas que nos emancipan, que nos anulan dejando tras de si una estela de tristeza. Constantemente somos humillados y violados, y muchas veces nos entregamos a ese interjuego malévolo renunciando a nuestras posibilidades. Consecuentemente, obnubilamos nuestra conciencia y le colocamos un cerrojo a nuestro corazón, y solitos nos dejamos llevar por la inercia de los traumas y de todo lo fantamasgórico de nuestro pasado que nos priva de nuestra autenticidad. Que difícil es admitir el amor bajo éste paupérrimo estado psicológico. Y no tan solo no lo admitimos, sino que lo ahorcamos, lo destrozamos, lo trasfiguramos de manera que ese amor tan hermoso que ha salido de un corazón deseoso de amar y ser amado lo convertimos en el opuesto, en algo que perjudica y vulnera nuestro encapsulado, achicado y entristecido corazón. Nos hemos vuelto el enemigo número uno de nuestro porvenir amatorio, de la felicidad que nos espera una vez liberados de tanto tapujo impuesto por la cultura a través de su portavoz y operador principal de los corazones: la familia. Por supuesto que aquí no crucificaremos a la familia como tal, no obstante debo hacer mención de la parte activa que tiene en nuestras vidas, del efecto tan importante que tienen los valores aprendidos en ella, así como también los traumas que de ella se derivan y que son un componente insoslayable en el presente de cada uno de nosotros. Empero, esto no está en la mesa de análisis ahora, sino la capacidad del individuo de sobreponerse a su pasado para lograr su felicidad total, venciendo toda clase de obstáculos culturales heredados. ¿Se puede ser feliz? Y cuántos no responden con una negativa, o bien arguyendo que la felicidad solo son momentos breves en la vida, como gotitas de miel en el mar de agua salada. ¿Tan poquito se merece el corazón humano? En la vida hemos sido educados para sufrir de manera sustancial, pero no nos educan para ser felices y disfrutar de los placeres de la vida, de la convivencia, del profesarnos el amor y de darnos el uno al otro. Cuando nacemos inmediatamente nos sellan el corazón con las enseñanzas que la cultura impone. Nos ciñen y nos restringen, nos controlan y nos asfixian. En el evento de la educación inicial concurren tantas limitaciones que ningún corazón queda libre a tanto acoso. Por su puesto esto tiene una parte fundamental para el aprendizaje del sujeto en la sociedad. Más sin embargo, esta violación al corazón se prolonga durante toda la vida. La persona arriba a los veintes y el hostigamiento continúa. Llegamos a los treintas y nuestros padres nos tratan como si tuvieramos ocho años. En adelante nuestros padres probablemente sigan el frente de batalla de nuestras vidas, mas sin embargo cuando ellos no están en persona, lo están en sus enseñanzas, en las reglas impuestas, en los consejos eternos, en las frases míticas de familia, en las prácticas y hábitos fundados por ellos en nosotros, en las costumbres y celebraciones, en la forma de hablar, de actuar, de decir y no decir, y hasta de mentir. Ahí están nuestros padres sempiternos llevándonos de la mano aún sin su prescencia física. ¿Debo librarme de esa atadura? Depende desde la perspectiva que se le vea. Hay ataduras que son benditas, y las hay malditas también. Si eres una persona enteramente feliz, no hay nada que desatar pues todo esta bien. Y eres feliz por que vives el presente en base a tus decisiones y responsabilidades y has aceptado tu pasado de manera tal que lo controlas y lo manipulas a tu antojo. Has podido capitalizar los eventos traumáticos del pasado y los tienes en el puño de tu mano. Has puesto de frente las cosas positivas que te inculcaron tus progenitores y las has puesto en marcha. También has decidido asumir la batuta de tu vida, llevarla por el buen camino y te has aventurado al juego sano del amor con profundo respeto a ti mismo principalmente, respeto a tus valores (sin caer en la rigidez de los prejuicios heredo-culturales), respeto a los que amas y un profundo respeto a la persona con la que has decidido vivir toda tu vida. Posiblemente te encuentras atorada en una fase de tu vida y no eres feliz; viene entonces un recuento del diario devenir con el propósito de detectar lo que está pasando en la vida. La única forma sana y efectiva de lograr avanzar en este renglón es mostrarse tal cual, dejar ver la basura que hay dentro para poder retirarla y sanear los espacios interiores; sanarte tu mismo. Lo que decía antes, muchos de nosotros hemos sido corrompidos y violados, aún por nuestros padres. Nuestro corazón ha sido privado de la capacidad de amar, de modo que anda suspicaz por el mundo sin la capacidad de darse a los otros. Un corazón trabajando al veinte por ciento eventualmente es un corazón vacío y frágil. ¿Cómo podéis ser feliz asi? Es imposible amar si tú corazón no ha sido enseñado a tomar riesgos, a entregarse profundamente al otro que también lo necesita. Ahora hay que reenseñarlo, reeducarlo, dejar que lo hediondo e infecto salga de él y lo libere para que pueda renacer en todo su esplendor. Es tiempo para reflexionar y reconsiderar lo que debemos hacer para volver a amar, si es que alguna vez fuímos capaces de hacerlo, o de amar por vez primera si es que nunca nuestro corazón ha experimentado ese sentimiento tan grande y tan bello que Dios nos regala y que pocos hacen suyo. Atrévete a la aventura del amor. Tal vez detrás de ti el amor te espera; tal vez ha estado ahí por años y no lo admites en tu vida precisamente por tantas limitaciones que tienes. Quizás ha llamado a la puerta y no lo has querido recibir por tantas razones resumidas en prejuicios y traumas. Anda ve y cuéntale a Dios Padre, el que nunca te falla y que siempre está allí para cuidarte y protegerte. No es cierto que las oportunidades se presentan pocas veces, o lo que es peor, una sola vez en la vida. Quién no ha escuchado lo siguiente, "el amor llega una sola vez a tu vida". Seguramente un pesimista inventó esta frase fatal y deprimente, y todos los que tienen el corazón privado al amor la secundaron. En verdad, la vida nos regala un montón de oportunidades a cada momento, lo que pasa es que vivimos con un velo en los ojos, una tapaderas en nuestros oídos y un enorme candado en el corazón. No vemos, no escuchamos y no palpitamos. En su lugar, observamos, oímos y latimos. Resurgamos de este anquilosamiento que nos mata cada día un poquito de lo que somos. Seamos sensatos y sinceros consigo mismos y hagamos un esfuerzo para superar nuestras cargas. Nunca podrás olvidar los traumas de tu infancia, adolescencia y de la adultez propiamente hablando. De hecho, olvidar es imposible. Todo ha quedado grabado en tu mente. Lo mejor es aprender a vivir con esos malos elementos, manejarlos y controlarlos. Entregale al Señor lo que traes, ese saco de recuerdos que te acosan y que no te dejan vivir; esos prejuicios que te impiden crecer y toda la amplia gama de coyunturas y resquebrajamientos en tu vida. Concientízalo y colócalo sobre la mesa para que Dios se haga cargo de ti y del saco de traumas. Y recuerda, "no dejes para mañana lo que puedas hacer hoy" Si crees que lo mereces, pues adelante y no retrocedas en ningún momento. Si sospechas que todo lo anterior es pura paja, pues sigue adelante también con lo que tienes. Tal vez no estás preparada para un cambio de tal magnitud. Y si todo está bien y eres muy feliz con lo que eres y con lo que tienes, y alguién más comparte su corazón contigo fraguados al unísono en armonía total, te felicito profundamente. Veamos ahora lo que podemos hacer para salir adelante de los problemas del pasado que no nos permiten vivir nuestras vidas en forma natural.

LOS PASOS HACIA LA SANACIÓN ESPIRITUAL

La única razón por la que el ser humano debe con todas sus fuerzas buscar y encontrar su autorealización como persona, sin importar género, raza, condición social, cultural y económica, es el hecho de que merece ser feliz, así de simple y sencillo. Se dice fácil, no obstante la lucha diaria de millones de personas en el mundo entero hoy día es precisamente la búsqueda de su propia realización como seres integros y plenos, es decir, seres satisfechos con lo que son y con lo que han hecho en sus vidas y con sus expectativas. Mas sin embargo, esa lucha nunca cesa porque las necesidades del ser humano son continuas y crecientes y siempre están en constante reacomodo a las exigencias del contexto y a las variadas necesidades personales en los diferentes roles que la sociedad y la familia imponen. Es a menudo complicado para algunas personas encontrar la plenitud, especialmente cuando gran parte de sus vidas han sufrido de experiencias que las han lacrado dejándoles una mezcla de dolor y animadversión, y en tal condición resultan predestinadas a vivir una especie de parálisis en sus sanos y legítimos deseos de llegar a ser, de convertirse en lo que muy en el fondo han deseado como seres humanos. El amor propio ha sido trastocado, y en tanto ello se encuentre presente por el tiempo que sea, incluso toda una vida, la persona afectada contiene una incapacidad de avanzar en el amor, de ser libre de sus propias ataduras atribuibles a un pasado, si bien con ciertas fortunas así tambien con experiencias y momentos aterradores y desaforunados que pareciera le han marcado con el sello de la incapacidad de crecer en su espíritu. A causa de ello, muchas personas sufrientes no logran su cometido de autorealizarse durante toda su vida, de modo que son como peregrinos que van por el mundo mostrando sus contradicciones personales, denunciando sus congojas al mismo tiempo que buscan ser ellos mismos con la desesperación particular de quien no ha resuelto las aflicciones y desdichas de su pasado.

Es probable que sientas las palabras anteriores en carne propia, con lo cual debemos ser cautos en su consideración y no confundirnos en la acepción que hagamos al identificar nuestra condición con la necesidad del sujeto de autorealizarse en forma plena. Los pasos para arribar a una verdadera sanación interior, una sanación del alma de un corazón atribulado por tantas experiencias traumáticas y eventos dolorosos, son los siguientes:

1.- Aceptación.
2.- Reconocer y enlistar los eventos dolorosos del pasado.

3.- Elaborar la carta del perdón.
4.- Prescencia ante el Santísimo Expuesto.
5.- Ritual de desaperecer tu carta y tu lista de eventos dolorosos.
6.- Recapitulación y santificación del diario vivir.

Aceptación.- Debemos ser claros y precisos al encarar un evento doloroso de nuestro pasado. El primer punto a seguir en este proceso que, ya de por si angustiante y que naturalmente nos encamina a una negación perpetua, es mirarse al espejo para apreciar en forma nítida la o las experiencias aterradoras de nuestro pasado. No es fácil aceptar cuando lo único que has efectuado durante toda la vida es alejarlo de tu conciencia como si con ello consiguieras alejarlo de tus memorias, de tus esquemas personales. El dolor originario de aquel evento traumatizante te oprimió tanto que decidiste alejarlo de ti a como diera lugar. No obstante, la herida ha quedado allí, y lo peor de todo es que ese pasado permanence más vivo que nunca. Debes saber algo que quizás nunca te hayas imaginado: jamás podrás alejar de tu vida tus experiencias personales; tus experiencias buenas o malas han quedado por siempre alojadas en tu memoria, y las futuras tendrán el mismo destino. Ello explica porque muchas personas en su anhelo de olvidar ese yugo que les oprime el corazón, su sufrimiento es mayor cada vez. Como si el ir en contra de sus propias vicisitudes resultáse un aliciente para reavivar sus propias heridas. Conozco a una señora de 83 años la cual fue abusada sexualmente por su propio padre cuando ella era solamente una niña de doce años. Su experiencia se repitió por los siguientes cuatro años de su vida de adolescente hasta que un día decidió poner fin al calvario. Su padre la abusaba de manera ocasional, pero desde el primer momento que la tocó en su deseo malsano y bizarro, ella nunca fue la misma. Confiesa que en su momento tuvo deseos de suicidarse, pero algo la contuvo.

El horror a los hombres se hizo mayor y sus encuentros con chicos de su edad siempre estuvieron en franco declive en su juventud. De hecho, sus relaciones posteriores con hombres adultos resultaron un fracaso, situación que la acompaño durante toda su vida. A su edad aun recuerda con tristeza y desolación su pasado, y ni siquiera el tiempo ha tenido la capacidad de borrar tanto dolor en su corazón. De la misma manera que a está señora, la mayoría de nosotros hemos tenido percances nada gratos con otros seres humanos, y lo curioso es que estos nunca han estado lejos de nosotros; en muchas de las ocasiones los agresores resultan ser parientes nuestros, y en el peor de los casos los protagonistas han sido nuestros propios padres, tíos, abuelos, padrastros, hermanos mayores, etc., es decir gente cercana a nuestra realidad. Y durante años hemos vivido con el dilema de que hacer con ello, a pesar de que nuestra vida se ha arruinado de cierto modo. Lo peor es que muchas veces nosotros mismos en nuestra desesperanza dejamos de darle valor a todo lo malo que nos ha acontecido, y hasta lo justificamos muchas veces, le restamos valor y, en casos extremos le damos un giro distinto de modo que lo encontramos como una experiencia de bendiciones para nuestra vida, lo cual suena totalmente absurdo si pensamos los estragos que nos ha causado. Una chica adolescente de 16 años me confesó que su padrastro la abusaba sexualmente, pero que ella sentía un gran alivio cuando asistía a los servicios dominicales en su parroquia. Lo grave era que su mamá estaba enterada del monstruoso hecho y no hacía nada por evitarlo. La joven se conformaba con decirse a sí misma que el dolor era menos porque estaba muy entregada a las cosas de Dios. Mas ese alivio era ficticio y solo remendaba el trauma viviente con una actitud en desamparo silenciosa y humillante, aceptando una realidad de la que no encontraba la manera de escapar. Ningun hecho malsano acontecido a nuestras vidas es dable a concesiones, ni merece una acepción esperanzadora de su razón de ser, aunque en ocasiones pongamos por sentado de que a partir de ello nuestra vida ha cambiado. Nada justifica un acto pernicioso encontra de cualquier persona, aún y cuando dicho episodio hubiese marcado la vida de un sujeto como un parteaguas entre una vida de apostasía o alejada de Dios, a una vida plena en Él. No podemos imaginar del todo, ni mucho menos predecir lo que el futuro nos espera, de modo que lo que debemos trabajar en estos casos de trauma y afectación en el alma de una persona es precisamente la historia de su vida, concepción a favor de la integridad del sujeto y de la resolución de su conflictos originarios en un discurso que recapitula y emerge la experiencia pasada, o bien trabajar los conflictos en su tiempo y espacio que determinan en buena medida su comportmiento y expectativas en "el aquí y ahora", concepción a favor del sujeto escindido y de la resolución de sus conflictos pasados en el presente ignorando la fuerza originaria del problema. Lo anterior tiene una razón muy poderosa: el pasado, ya sea bueno o malo, impacta nuestra personalidad por el resto de nuestras vidas, los eventos se convierten atemporales desde el punto de vista de la afectación que producen, y nunca preescriben, siempre estan allí determinando en buena medida nuestro presente. Además de que su fuerza es mayor cada vez y tiene el efecto de hacerse presente en el comportamiento general, en nuestras relaciones interpersonales y hasta en nuestras expectativas futuras. No obstante, como dije antes, lo primero es que el sujeto se acepte como una persona portadora de un trauma que lo mantiene atorado en ciertas facetas de su vida. En su caso, se debe trabajar duro y con determinación para el logro de este paso tan importante.

Reconocer y listar los eventos que causa dolor.- Una vez que el sujeto ha logrado vencer cada obstáculo en la aceptación de un trauma experiencial en su vida, es entonces cuando estamos en posibilidades de avanzar en buscar las estrategias para traer a la conciencia cada situación traumatizante en la vida, así como los sentimientos involucrados y la frustaciones experimentadas durante el evento y a partir del mismo a lo largo de toda la vida posterior. A este paso le llamo el reconocimiento de los eventos dolorosos. Podría parecer un asunto de relativa dificultad, sin embargo no hay nada más doloroso para un ser humano que ha tenido experiencias brutales, mounstruosas e infames como el recordar tales eventos. Muchas veces la sola mención del hecho traumatizante en sus vidas les genera angustia y ansiedad. Hace unos veinte años atrás conocí a un joven universitario que, cuando tuvo confianza conmigo terminó por platicarme el hecho que lo atormentaba. Había sido violado por un tío cuando era un chico de once años. Desde el momento que inició su relato sus ojos se humedecieron y su voz sonaba trémula, y hubo momentos en que no pudo articular palabra alguna; un nudo en su garganta se le atravesaba, y finalmente no pudo contener el llanto cuando aún no había terminado de decir todo lo que el tenía dentro de su corazón. Los sentimientos de incomodidad, de culpa y de sentirse asqueroso y sucio por causa de un abuso en la integridad de alguién, genera una desilución muy grande y un sentimiento de impotencia, sentimientos de rabia, tristeza y depresión, resentimientos hacia las personas que no tuvieron el cuidado de protegerlo (los padres en este caso), una serie de sentimientos encontrados con los que no se puede vivir, y la felicidad es solamente una utopía peregrina desde el particular enfoque del sufriente. Dadas las circunstancias complicadas de lograr un recuento de todas las heridas y transtornos que ello ha causado en la vida del sujeto, es sugerible que la persona encuentre su particular forma de reconocer sus traumas originarios. Alguién encontrará productivo si lo escribe en un papel. Quizás platicándolo con alguién más sea una forma de lograr este cometido. Es posible que se tenga que recurrir a grabar lo que se dice para luego recordar en detalle lo que se ha dicho. También es recomendable que se busque a un profesional de los asuntos del corazón, y que sea de su entera confianza para que saque todo lo que trae dentro y encuentre la guía inicial para su curación espiritual. La forma que yo aconsejo seguir en este caso es listar (Forma A) todo lo que le aqueja, con lujo de detalles y en forma clara y explícita.

Forma A:

El recuerdo más doloroso de mi infancia es _____

_____

Otra experiencias traumáticas en mi vida son:
1._____
2._____
3._____
4._____

Los sentimientos que me provoca el recordar el pasado son:

_____
_____
_____
_____
_____

Por tales sentimientos, muchas veces he deseado:

_____
_____
_____
_____

La perspectiva del perdón (la carta).- Perdonar es una palabra que se dice fácil, pero es en realidad parte de un proceso a que cada uno de nosotros estamos invitados con aquellos a los que nos ofenden y a los que ofendemos. Y como es algo que nos ocurre con naturalidad, Dios nos invita en su maravillosa oración del Padre Nuestro a perdonar, Evangelio según San Mateo Capítulo 6, versículos del 9 al 13, no importa lo que haya sucedido antes ni lo que te hayan hecho, y por mandato estamos invitados al perdón para lograr que nuestros corazones sean el reducto de cosas hermosas y no de resentimientos que vulneran nuestra capacidad de amar. Si estás en la mira de visitar a Dios Padre, entonces debes tener en mente la necesidad imperiosa de perdonar, porque Dios te hablará del perdón y tú debes saber que responderle. La capacidad de perdonar debe estar basada en un deseo profundo y sincero de dejar atrás lo que tanto daño te ha hecho, y lo más importante en esta capacidad del corazón es que debes aprender a desactivar tus resentimientos y rencores hacia quienes te dañaron alguna vez y mostrar la posibilidad real de la reconciliación con ellos mismos. Pero una reconciliación de un corazón libre de odios y sentimientos malsanos y llenos de sentimientos positivos. Antes de la visita al Santísimo, sugiero que elabores una carta en la que te dirigas en forma directa a quienes te ofendieron en el pasado motivo por el cual sufres aún. Parte del proceso de sanación interior es confrontar la perspectiva del perdón, y activar esa intención en tu ser. Además de todo, la elaboración del texto de una carta y todos los componentes traen consigo una especie de desahogo de las ansiedades y tensiones asociadas a los traumas de origen. Ello ejerce por si mismo un efecto terapéutico. Descargar las emociones que por tanto tiempo has mantenido en la oscuridad del olvido siempre es algo vivificante, y como que el alma se reconforta alistándose para su encuentro con Cristo Jesús, el cual hará los cambios que necesitas.

La visita al Santísimo Expuesto.- Hay algo que debes saber más con respecto a la naturaleza de los traumas en tu vida. Como lo especifiqué antes, los traumas vividos nunca preescriben, de hecho debemos aprender a vivir con ellos toda nuestra vida, y ni el tiempo ni nada quita su prescencia en nuestros corazones. No es nada grato escuchar lo anterior si lo que has venido haciendo por años es ocultar y negar el pasado que te oprime, como sin con ello la experiencia original se eliminara de tus registros vivenciales, de tu esquema personal íntimo. Eso es imposible, de la misma manera que resulta imposible quitar el hecho pasado que alguna vez te destrozó el alma, lo cual reza con el dicho de que "una patada ni Dios la quita". Aprender a llevar una vida sana en Cristo Jesús con toda esa cantidad de cruces incrustadas en nuestros corazones y los venideros designios insospechados que nos aguardan, es la mejor actitud y forma de vida que podemos adoptar. Debes saber que no hay nada ni nadie en este mundo que pueda sacarte del bache en el que te encuentras, excepto tu misma con tus propias y maduras decisiones. Por supuesto que Dios te espera en la entrada de tu corazón esperando ansioso el que tu te decidas, por eso es importante el hecho de que vayas a ese encuentro. De modo contrario, estaremos hablando de que estás basando tu cambio personal en tus propias fuerzas, apoyando todas tus decisiones en las posibilidades limitadas que tu razón e inteligencia puede otorgarte para salir adelante. Es cierto el hecho de que tu decisión es muy importante para un cambio en tu persona, en tus dificultades, en tus traumas personales, pero al final del día Dios hará la diferencia en tu vida, te lo aseguro. Si hay algo que te afecta y es algo que tiene que ver con tu pasado, es tiempo de encarar tus cadenas teniendo de lado a Cristo como tu Salvador permitiéndole que trabaje sobre todas tus cargas y penas. Es el momento de tu conversión. El mañana no lo conocemos aún. De hecho, no sabemos si estaremos vivos para recibirlo. La visita planeada al Santísimo requiere de tu entereza, de tu honesta y real decisión de superar tus limitaciones a sabiendas que Él te llevará al camino de la luz y la esperanza. No puedes dudar de ello ni un instante porque ello significaría la debilidad de tu fe y la presencia de barreras a la actuación del Espíritu Santo en tu corazón.

La recomendación clara para dar cumplimiento a este importantísimo paso en tu valiente y sabia decisión de sanear tu espíritu de la inmundicia que le corroe, es hacerse presente ante Nuestro Señor con un corazón manso y humilde. Además, el respeto, la solemnidad y la adoración son elementos que debes mostrar ante su maravillosa presencia. No se te olvide que Él está allí, no es un pedacito de pan lo que tú aprecias, es la excelsa y hermosa presencia de Cristo Jesús. No lo dudes ni por un momento. Cuándo te encuentres ante la sublime presencia del Señor Todo Poderoso, arrodíllate y adórale antes que cualquier otra cosa. Hazlo de forma que tú te sientas cómodo. Dios quiere que estés dispuesto de la mejor manera. Platica con Él en voz alta o en silencio, de cualquier manera te escuchará. Puedes cerrar tus ojos o mantenerlos abiertos, lo importante es que te concentres en su Maravillosa presencia y converses amenamente con Él. Dios desea que tu le abras el corazón para que pueda hacer las maravillas en tu vida y sanar tu corazón de lo que te atormenta, no importa la distancia en el tiempo que llevas sufriendo. Para Cristo nada es imposible. Es el momento que debes usar para descargar todas tus frustaciones y traumas, y de hacerle saber de tu innegable ineptitud para lograr cambiar tu destino. Manifiestale tu deseo de que Él se haga cargo de ti por el resto de tu vida para alcanzar la plenitud de ser feliz con lo que tienes y con los que te rodean. Nada más hermoso que humillarte ante su indescriptible belleza para acceder a sus inescrutables designios. Dios lo ha prometido en su Palabra "Porque el que se ensalza será humillado y el que se humilla será ensalzado" (Lucas, Cap. 14, versículo 11)

Enterrar la carta y lista de eventos dolorosos.- Al decir enterrar todo aquello que se haya hecho por escrito quiero significar que, en este ritual, lo que realmente estamos sepultando son los resentimientos y rencores, los miedos y las ansiedades que hemos padecido por años. Podría parecerle mágico, pero en realidad es más que eso. Lo que actúa es la obra magnífica del Espíritu del Señor que nos libera y nos sana de la iniquidad abriendo las puertas a una nueva relación con Cristo. Eso es un milagro que se sucita cuando realmente tu fe esta siendo cimentada en Dios Nuestro Señor. Él ha prometido darte cuanto necesitas, y debes saber que su palabra es viva, de modo que lo que promete lo cumple a cabalidad: "Pidan y se les dará; busquen y hallarán; llamen y se les abrirá la puerta. Porque el que pide, recibe; el que busca, encuentra; y se abrirá la puerta al que llama (Mateo, Cap. 7, Versículos 7 y 8).

Después del encuentro con el Señor en el Santísimo, lo prudente es desaparecer lo que has escrito, y desaparecerlo con un ritual en el que estés convencida de que lo que estás haciendo es bajo la Gloria y Gracia de Cristo Jesús. Si lo conducente para ti es enterrarlo bajo tierra está bien. Tal vez prefieras quemar los documentos porque las cenizas representan para ti todo aquello que ya no está en tu vida y que, por lo tanto, ya no ejerce efecto alguno. Pudiera ser que los documentos sean arrojados al mar, como una señal de que tus traumas y experiencias dolorosas se posarán al fondo de tu mente convirtiéndolas en un material, aunque presente en tu vida, manejable de forma tal que tu tienes el control y destino de esos contenidos. Lo más importante de todo este proceso en el que intentas despojarte de las cadenas condicionantes de un pasado que ha dejado su sello indeleble en el corazón, es que ahora tu seas esa persona que pueda sentir como el efecto dañino de los traumas se diluye en el tiempo, y el poder que antes tenían de subyugarte a su antojo y de manipularte en mente y cuerpo ha dejado de ser por la obra de Cristo Jesús, lo cual incluso hace posible que seas un testimonio viviente y un ejemplo de motivación para otras mujeres que aún se encuentran atoradas con los fantasmas de su pasado experiencial. Así que la visita al Santísimo Expuesto es en efecto el paso crucial en el que muchos de los cambios que esperas comienzan hacerse una realidad en tu vida. No desanimes en tu deseo ni en tu fe y no te desconcentres ante su presencia. En la medida que seas honesta y abras tu corazón y le dejes todo a su Majestad Celestial para que se haga cargo de ti con todas tus cargas, la sanación ocurrirá, el milagro vendrá a tu vida y estarás muy cerca de lograr tus propósitos de conversión para acceder a una vida en Cristo Jesús. Cuando el Espíritu Santo se hace presente en tu corazón porque tú lo has permitido, los cambios positivos se dan por añadidura y es entonces que te encuentras en un proceso inicial de avanzar en santidad, paso muy importante del cual hablaremos a continuación.

Recapitular y avanzar en santidad cada día de tu vida.- La superación de un acontecimiento traumático en tu vida es siempre un sinónimo de crecimiento, con lo cual es dable pensar que tu vida ha cambiado cualitativamente, más aún si en estos cambios has decidido poner tu vida bajo control de Cristo Jesús. Pero, ¿qué significa lo anterior? Un análisis general es suficiente para arribar a donde es necesario que te ubiques para dejar ver la importancia que tiene un cambio en tu vida, cuando has adquirido el compromiso de seguir a Dios antes que cualquier otra cosa. Cuando tu jerarquía de valores tiene a Cristo en primer lugar en tu vida, entonces el trabajo de santidad debe formar parte de un proceso del diario vivir. No obstante que hallamos logrado cambios en nuestras vidas, la carne siempre será carne y siempre estaremos expuestos a caer en pecado y alejarnos de la santidad, la cual es, sin embargo, tan necesaria para consolidar la felicidad y el compromiso con el Señor. El hacerlo te permite recapitular en tu vida de todo aquello que algún día te afectó para poder ofrecer un testimonio de vida a otras chicas como tú, y aún un testimonio válido para los hombres en el reconocimiento del valor y coraje que las mujeres poseen para cambiar el curso de sus vidas por el rumbo del bien.

Ahora bien, caminar en santidad requiere determinación y entrega total. No hay santidad sin sacrificio, ni mucho menos santidad sin dejarse llevar por la gracia de Dios. Esto equivale a llevar una vida plena en Él cumpliendo sus mandatos hasta lo posible, logrando los sacramentos en tiempo y forma, y convertirse en una verdadera cristiana en defensa de su Evangelio. Si realmente deseas proteger y preservar los cambios que Cristo ha hecho en tu vida, debes seguirlo por siempre llevando una vida de castidad emocional en tu matrimonio, en tu noviazgo o en tus relaciones con el sexo opuesto, con los cuales proteges ante todo tu dignidad de mujer, una vida de respeto y probidad. Así mismo, la oración diaria deberá formar parte de tus esquemas personales y estilo de vida. Ya no serás más una cristiana católica de tradición, sino una de una convicción a prueba de fuego y con un corazón revestido del amor de Dios. Reconciliarse en forma más frecuente con Cristo y tomar de su sangre y comer de su cuerpo cada vez es parte de tus obligaciones, benditas obligaciones que te permitirán una santidad mayor, y una preparación para una mayor intimidad con Cristo Jesús.

CONCLUSIONES

Ser feliz es tan solo una expresión cuando mantienes en carne viva las llagas de un pasado que te atormenta y que prefieres olvidar para no sufrir de sus efectos, siguiendo una vida de camuflaje exterior, simulada de aparente tranquilidad y parsimonia. Sin embargo, cuando estás con la firme intención de reconocer y parar el sufrimiento interior que no cesa a pesar de la distancia temporal, digamos que te encuentras en la antesala del verdadero cambio porque por lo menos has reconocido que ni el tiempo ni nada ha podido cambiar ese destino de dolor. Las heridas del alma suelen ser duraderas y, como lo he dicho anteriormente en otros capítulos, nunca preescriben y siempre están allí como referentes negativos que provocan inestabilidad emocional, y peor aún que no te dejan ser feliz con lo que eres y con lo que tienes. Empero, aunque es siempre meritorio el esfuerzo que hagas para cambiar por ti sola ese destino adverso que te oprime el alma, los verdaderos cambios serán plausibles en la medida que coloques en tu corazón a Jesús Paráclito como tu verdadero Salvador para poder alcanzar todas sus bondades y maravillas. No hay nada en este mundo que Él no pueda realizar para ti. Es tu Dios, nuestro Dios que nos ha prometido la vida y sus promesas son palabra de honor y palabras de vida. Acerca tu espíritu a su Magna Potestad y déjate guiar por Su excelso amor. Con Cristo la felicidad está más cerca de lo que pudieras imaginar. Él hará que sea posible y que tu vida tenga sentido.

SOLO UN SUEÑO

Cuando desperté me sorprendí verte acariciando mi cabello con mucha ternura, y con palabras suaves me dijiste que me amabas. Después de años de convivencia juntos, aquella era la primera vez que te expresabas de esa manera y yo no salía de mi asombro. Me miraste a los ojos, noté que estaban rojos y con voz entrecortada me repetiste dos veces "te amo, te amo". Me pareció algo lindo y hermoso despertar con tus palabras de amor rozando tu aliento con el mío, algo que siempre había deseado. Mi corazón se enterneció cuando advertí que rodaban lágrimas de tus ojos, y fue entonces que te pregunté que era lo que pasaba. Me pareció una eternidad la pausa para responderme, te miré a los ojos pero no sostuviste mi mirada. Trémula de la emoción busqué mirarte de frente, no obstante bajaste la vista hasta perderla en las sábanas de nuestro tálamo conyugal. Luego, me hablaste con voz entrecortada y convulsa con las siguientes palabras: "quiero pedirte perdón por todo el mal que te he proferido. Se que he sido el peor de los hombres, pero aquí estoy postrado ante ti para decirte que estoy arrepentido de todo el mal que ha salido de mi para ti. No tengo excusa ni nada que justifique mi comportamiento; he sido un patán, un estúpido, un verdadero animal al no saberte apreciar como la gran mujer que eres, como la hermosa mamá que Dios le tiene a mis hijos, a nuestros hijos, como la bella esposa que Dios me ha concedido". Entonces comenzamos a llorar juntos, juntos en un llanto de su arrepentimiento y de gozo el mío. Solo bastaron aquellas palabras suyas para hacerme sentir la más dichosa de las mujeres; el amanecer aquel sería el más hermoso de mi vida porque su amor por mi nuevamente lo acogía en mi corazón. Experimenté su arrepentimiento de cerca y la sinceridad con la que ahora me miraba a mis ojos no podía hacerse con palabras, solo con su mirada solícita de reconciliación para una nueva vida.

De pronto un sobresalto interrumpió la extasiante escena, me ví sola en la cama, no estaba él, no podía creerlo y no deseaba creerlo pero era mi realidad, tan solo fue un sueño, uno de aquellos de los que nunca hubiera querido despertar.

CAPÍTULO 5

UN HOMBRE EN TU VIDA
Y EN TU CORAZÓN

ABRAZANDO EL AMOR CON
LOS PIES SOBRE LA TIERRA

UNA DE LAS múltiples y maravillosas formas de amar que Dios nos tiene a nosotros sus hijos es darse a los demás en sentimiento, idea, emoción y pensamiento para que entonces puedas ser recibido con el mejor deseo y bajo la mejor intención. Compartir es también dar de si mísmo en la relación. Particularmente, cuando la mujer busca el amor algunas veces se equivoca en el ofrecimiento, de manera que su ofrecimiento trastoca su dignidad, su fidelidad a sus valores morales y religiosos, y solo por conseguir el amor pretendido del hombre tan deseado. En la búsqueda del amor no se vale rematar la integridad personal con el objeto de recibir una bicoca de lo que buscas; sobras de un hombre que no ha descubierto el amor y de una mujer que no ha aprendido que el verdadero amor no se mendiga. Cuando un verdadero hombre advierte de esta realidad en alguna mujer que pretende o con la cual mantiene una relación cercana, es muy posible que le haga saber a su compañera que su amor no tiene ningún precio material ni carnal. Si lo que buscas es amor y lo que encuentras son migajas, entonces debe retirarse de esa arena y tratar de entender que esa no es la manera de consolidar una relación sincera y profunda.

Una de las formas de establecer una relación consistente y honesta con alguién más es justamente entregar tu corazón. Pero la entrega debe ser meditada y saludable. ¡Imáginate si a todo el mundo le entregaras tu corazón! No sería saludable. No obstante existen mujeres que ante su vaciedad interior andan por el mundo viendo en cada hombre a un futuro depositario de su amor. Parece extraño, pero para que puedas abrazar el amor de un hombre debes primero subirte en su barca y conocerle, lo cual redunda en una de las cosas que debes de tener en cuenta para meditar y tener certeza de donde finalmente colocar tu corazón. En una relación es necesario el conocerse y que éste conocimiento sea consistente en el tiempo. Para ello tienes que estar abierta en la comunicación con el chico. Si piensas que tu pretendiente se abrirá del todo sin que tu hagas lo mismo, te equivocas ya que en un momento de la relación el tendrá la necesidad de saber más de ti. Esto nos conduce a que la comunicación debe fluir circularmente de ambas partes en un balance más o menos equivalente. En la medida en que él se contagie de tu hábito de compartir tus cosas personales, finalmente cederá y terminará haciendo lo mismo. A esto se le llama mutualidad. Para poder abrazar el amor debemos ser recíprocos en la relación, darnos en ella sin reserva en la medida que seamos correspondidos y respetados. Y justamente una base importante en esa reciprocidad es el respeto. Ser practicantes del diálogo con la persona que amas, tu esposo o novio, pretendiente o aspirante, proporciona una base sólida en la relación y la calidad del amor mejora día con día. El hombre se enamora de una mujer sincera y honesta. Y algo más que lo enamora es tu capacidad para entenderlo. Ahora bien, ¿cómo arribar a una íntimidad profundamente sana con la persona que amas? Antes bien debemos hacer un diagnóstico de las condiciones en las que te encuentras y la calidad de relación que llevas con el chico.

Conociendo a un nuevo hombre en tu vida.- La experiencia nueva de conocer a una persona del sexo opuesto es en verdad fascinante, y lo es más cuando esa persona se apunta en tu gusto personal. Ya sea que provengas de un rompimiento que te ha dejado un tanto dañada y dolida, o bien permaneces emocional y afectivamente estable y sin compromisos, el trato con un hombre siempre trae consigo una serie de factores que se tienen que investigar promenorizadamente a fin de conocer el terreno que se está pisando. Todo lo concerniente a la *educación del hombre, sus valores morales y religiosos, su concepto de matrimonio y familia, sus expectativas respecto a una relación futura y el valor de las mujeres en su vida* son algunas de las cosas por las que debes concentrar gran parte del tiempo con el pretendiente en turno. Probablemente te muestres con mucho mayor desconfianza si en tus relaciones pasadas has sufrido mucho y el quebrantamiento con tu novio anterior ha sido muy doloroso. Es obvio que la desconfianza esté muy presente en la manera que manejas las relaciones con los varones que se acercan a ti con propósitos de establecer una relación de noviazgo formal, pero esa experiencia adversa es realmente benéfica en tus relaciones actuales y futuras, y por experiencia propia te encuentras en ventaja a la hora de seleccionar a nuevos pretendientes. No dejes que el dolor por tu descalabro anterior, ni la desconfianza hacia los hombres que se intensifica por efecto del infortunio, se apoderen de ti y te prive de deselvolverte con naturalidad en tus nuevas aventuras. Tanta desconfianza puede matar la disposición inicial tanto tuya como la del compañero, y, por tanto, la química necesaria para cada encuentro. Quizás seas primeriza en la relación con un hombre que te pretende y eso te halaga sobremanera, sin lugar a dudas. Pero debes notar primero que de amor no solo se construye una relación sólida. Ante todo tienes que entender que corazón y cerebro deben trabajar coordinadamente. Si un chico se te acerca con la pretensión de hacerte su novia, debes pasar por el filtro del conocimiento algunas cualidades que tu desearías que tu novio tuviera en su esquema de personalidad y expectativas de vida. Probar a un chico es conocerlo simultáneamente, ver en él las cualidades que a ti te gustan de un hombre, sus valores morales como lo mencioné antes, y si coincide contigo en el aspecto de la religión, aspecto que muchas chicas equivocadamente pasan por alto sin analizar el impacto que ello tiene en la vida futuro de una relación. Aparentemente nada de esto parece tener importancia al principio de una relación romántica. De hecho las diferencias se pasan por alto y todo parece funcionar a la perfección. Y en verdad parece que todo funciona bien, pero eso es bajo la regla de una relación en la que el otro es verdaderamente un perfecto desconocido. Debes ser cuidadosa a la hora de entablar una relación con un chico. También debes estar segura de que realmente estás aprendiendo a conocerlo a fondo como persona, como hijo de familia, como estudiante, como trabajador, como hermano y como miembro de la comunidad donde vives. Nada está de más conocer respecto de su persona, y debes ser juiciosa a la hora de otorgarle tus calificaciones en la que debes ser muy exigente para ver si cumple tus estándares y proyectos de vida. Tal vez esté muy guapo, pero muy vacío interiormente aspecto con el cual tu no estás dispuesta a lidiar. Se supone que una buena relación es aquella en la que ambos comparten muchas características y suelen gozar su presencia mutua, además de que tienen muy pocas diferencias a pesar del tiempo que llevan conociéndose, y ambos son proactivos en la solución de los problemas que atañen a su relación.

Ser positiva en la vida y en tu nueva relación.- Las personas positivas suelen ser más felices que las que no lo son. La buena noticia es que cada quien puede llegar a ser una persona felizmente positiva en su vida, con su novio/ cónyuge, en su familia y en su contexto en general. No es algo con lo que algunas hayan nacido y otras no. Si fuese de ese modo, muchos de nosotros renunciariamos a la idea de ser felices. Pero afortunadamente no es así. Tu puedes ser lo más positiva que desees. Déjame preguntarte lo siguiente, ¿eres una persona positiva? Detente por un momento y piensa cuales deben ser las actitudes que debe poseer una persona para ser considerada como positiva. Puedes hacer una lista mas o menos informal de todas las características atribuíbles. Tal vez consideres el optimismo, la buena autoestima, el entusiasmo por la vida, la preocupación por las necesidades de los demás, los actos que ayudan desinteresadamente a quienes lo necesitan entre otras más, y que son parte de los elementos que se consideran dentro de una persona positiva. Ahora detente a pensar detenidamente cuál de aquellas características posees en tu personalidad y en tu esquema comportamental. En la intimidad de tu ser interior no puedes mentirte porque ello significaría un autoengaño. Probablemente dirás que careces de muchas de las características nombradas, pero con una sola basta para tener un punto de partida y de allí intentar ser mejor cada vez, ser más positivo. Es posible que arribes a la conclusión de que posees cada elemento de una persona positiva, lo cual suena maravilloso y seguramente eres o estás en potencia de convertirte en una fuente de motivación para muchas otras mujeres. Lo importante de este disernimiento personal tiene un carácter cualitativo, y bajo esta propiedad los seres humanos ponen en alto lo poco o mucho de los atributos sin que ello afecte la estima propia, ni para demeritarla o vanagloriarla.

Si miras las cosas y las aprecias en su esencia, en verdad eres una persona positiva. Si le encuentras las cosas buenas a lo que la mayoría solo nota lo negativo, en verdad eres de las personas catalogadas como positivas y quizás no te has dado cuenta de eso, pero a lo mejor ni falta hace. Posiblemente le sonríes a la vida a pesar de tus descalabros y le ofreces al amigo una cara de alegría cuando sabes que por dentro te estás consumiendo por una pena. Eres como un imán a los demás cuando resultas positivo por tu forma de ser y no por lo que materialmente ofreces. No obstante, también las personas que son muy positivas se caen, de pronto se deprimen porque son humanos como cualquiera. A pesar de todo ello, en su cara y en su lenguaje siempre se proyecta una señal de amor por las cosas y por la vida. No hay que confundir el ser positivo con la cortesía, el buen trato ocasional y la generosidad en las relaciones con las personas. Es por supuesto algo particularmente aceptable, pero el ser positivo va más allá de lo enteramente visualizable y se adentra en la mente y el corazón del sujeto. Allí radica la positividad, y quizás el concepto se traduzca mejor como una clase de humanismo muy especial en las relaciones interpersonales en las que la persona expresa su amor por los demás, un amor que le viene de dentro y forma parte de su esencia. A resumidas cuentas, la persona positiva se percibe desde el primer contacto, las primeras palabras intercambiadas, la primera impresión te deja con un sabor dulce y un olor fragante como lo es el amor que emana de los poros de éstas personas. Tu y yo podemos ser positivos y Dios nos da la grandiosa posibilidad de ejercitarnos en la práctica del amor con quienes ni siquiera conocemos. Si queremos adentrarnos a este hermoso desafío, será mejor que lo practiquemos desde el bendito hogar que Cristo nos ofrece a ti y a mi. Seamos sensatos y sopesemos hasta que punto podemos lograr nuestro objetivo. Debe quedarnos claro que, aunque es una empresa humana y muy positiva, es al mismo tiempo una labor de personas grandes y generosas en el arte de desprenderse, de darse y entregarse totalmente por la felicidad de cualquier otra persona, y que como objetivo final se sostenga que esa otra persona sea alguién ajeno a tu vida y no necesariamente un miembro de tu familia. De este modo el objetivo se habrá cumplido. Más aún, si tu positividad se esparce a quienes te han ofendido en el pasado y hacia los cuales habrías mantenido por mucho tiempo un sentimiento encontrado o un resentimiento puro, la misión estaría cumplida a cabalidad porque el peso de los ayéres y las cadenas condicionantes de nuestro espíritu habrían sucumbido a la fuerza excelsa y maravillosa del amor que Dios reviste a nuestro corazón.

Cuando le entregas el corazón a un hombre.- Cada mujer tiene un tiempo para enamorase y dejarse llevar por ese amor. Algunas chicas encuentran complicado sentir algo por alguién simplemente porque en sus corazones hay un miedo de sentirse usadas por cada varón que se interesa por ellas. Suelen mantener un velo de desconfianza que no permite el flujo libre de los sentimientos, por lo cual sus amores son solo "por encimita" y no se enamoran con la intensidad incluso con la que ellas mismas quisieran. No le temen al amor sino mas bien al rechazo o abuso que les pudiera acarrear en sus vidas un hombre si se enamorásen de él. Lo que sucede entonces es que la entrega del corazón a un hombre es del cincuenta por ciento, lo que equivale a sentir el amor a medias y vivir atorada entre amar y no amar. Si siempre ves en los hombres a potenciales depredadores de mujeres que les hurtan los sentimientos y se burlan de ellas, entonces será difícil que puedas experimentar ese amor maravilloso que toda mujer se merece. Le has puesto un candado de seguridad a tu corazón, perdiste la llave y ni tu misma sabes dónde la dejaste para volverlo abrir y dejarlo ser libre. No se puede vivir toda una vida con esta clase de condicionamientos y enseñanzas en el hogar. Debes comenzar por librar una batalla contra todos esos prejuicios que no dejan asomar tu autenticidad y belleza interior.

Por otro lado, hay mujeres que se sitúan exactamente del lado opuesto: las que entregan el corazón a la mayor brevedad del tiempo posible, y a veces en un tiempo muy corto. Algunas lo hacen por que tiene una amplia y urgente necesidad interior, debido quizás a que la soledad ha sido el acompañante de ellas desde siempre. Sus necesidades de amor no fueron cubiertas del todo durante su infancia y niñez de modo que encuentran maravilloso cualquier oferta de amor que un hombre les extiende, aún y cuando esa oferta contenga poco amor. Sin embargo esos amores suelen ser muy volátiles justamente por la razón de que carecen de un fundamento real respecto del otro, y solo se fundamenta en las propias necesidades del alma no resueltas del pasado.

Ahora bien, suele haber mujeres ecuánimes y bien balanceadas en los asuntos del amor. Las mujeres que entregan su corazón en base a un conocimiento suficiente y consistente en el tiempo del joven aspirante a ocupar un lugar preponderante en su corazón, y más aún que ese mismo hombre le ha demostrado con hechos concretos su interés por ella teniendo como regla principal el respeto, entonces esa mujer sabe a quién le esta confiando su integridad, su persona, en una palabra su amor. Desde luego que no existe un sello de garantía de que la relación sea para toda la vida, pero por lo menos se tiene la certeza de que las cosas van por un rumbo conocido. Y esto mismo es lo que da confianza a la relación, que su flujo libre de comunicación este presente y le permita a los enamorados enriquecerse cada vez más y consolidar sus sentimientos, al mismo tiempo que profundizan en el conocimiento de uno del otro.

Antes de que entregues tu corazón, solo asegúrate de que tu enamorado cumpla los siguientes requisitos indispensables para el éxito en tu incursión amorosa en la víspera de una relación formal:

1.- **Compatibilidad de valores morales y religiosos con los tuyos**. ¿Podrías imaginar como sería la vida en tu matrimonio si ambos fuesen creyentes de religiones antagónicas? ¿Cuál sería la educación religiosa para tus hijos? Y que tal si él apoyara el aborto, las relaciones fuera del matrimonio, y tu estuvieses en franca oposición. Esto es algo en lo que tienes que estar alerta y ser cuidadosa a la hora de "pelar bien el ojo" y decidirse por un hombre. Solo recuerda que el matrimonio es para toda la vida, y tu no querrías estar en desacuerdo permanente con tu esposo.

2.- **Compatibilidad de expectativas de crecimiento personal y/o profesional**. Las diferencias enriquecen la relación entre un hombre y una mujer, pero las divergencias pueden separar líneas de comunicación por lo menos en asuntos que debieran unir a un hombre y una mujer en una relación formal. Y no solamente dividen, sino contraponen y con el tiempo es difícil lidiar con esa carga. Mientras uno se dirige en un sentido el otro se encamina en oposición.

3.- **Profundo y auténtico respeto a la familia, a la vida y a la mujer**. Este valor se aprecia desde que el pretendiente muestra aprecio por su propia familia, y puedes advertirlo en la forma de hablar de sus padres y hermanos y de otros miembros de la familia en general.

Ahora bien, una cosa es hablar y otra muy distinta es mostrar su realidad. Los patrones de vida y valores reflejados en la relación suelen ser indicadores de como anda en esta competencia. Su concepto de la vida, de la familia, el respeto y los valores con los que se conduce en la relación contigo son elementos a considerar todo el tiempo para sopesar su condición en este importante elemento.

4.- **Madurez y estabilidad emocional**. Algunos hombres ven en una mujer a una especie de consejera que les comprenda y aconseje acerca de sus dramas personales. No creo que estés en la mejor condición si lo que tu misma estás buscando es a un hombre que te ame y al cual aprendas a amar del mismo modo. Ahora bien, algunos hombres solamente buscan llenar ese hueco de incomprensión y soledad en sus vidas, pero en verdad no están preparados para entregar el corazón en una forma sana. También existen aquellos hombres que te parecerán muy cursis e infantiles. Definitivamente debes renunciar a las amplias y respetables tareas de una niñera.

5.- **Verdadero amor a ti y a todo lo que representas como persona**. Un hombre que sabe amar a una mujer le prodiga un respeto y un cariño tan especial de modo que la hace sentir una reina en toda la extensión de la palabra. Si ese hombre pone especial cuidado en que te sientas cómoda y se muestre en atención a tus necesidades en forma consistente, teniendo como base el respeto de modo que no te obligue hacer nada que no deseas, ese hombre está enamorandose de ti.

6.- **Un hombre enfocado a tu interior más que a tu exterior**. La banalidad acecha a muchos hombres, aunque eso puede ser un signo de inmadurez. Pero un hombre adulto que se interesa por una mujer debe mostrarse más inclinado en tu corazón, en tus sentimientos y pensamientos, actitudes e ideas acerca de la vida, la familia, el matrimonio, etc. Cuantas mujeres no desean sentirse apreciadas por lo que llevan dentro, más que por su escultural cuerpo y linda cara. Un hombre maduro aprecia tus virtudes y respeta tus defectos. Le gusta ver más al interior de una mujer porque sabe que la belleza del cascarón solo dura por un tiempo. En cambio las cosas del corazón y los sentimientos duran por siempre.

7.- **Exento de machismo, o cierto machismo pero superable**. Un hombre que comulgue con el machismo es un hombre fuera de contexto en estos días. Si observas que el hombre que te pretende tiene ideas de esta índole, más vale que no lleves las cosas muy lejos. Se clara con él y muéstrale tus propios valores que como mujer mereces ser respetada y no subestimada. El hombre machista siempre busca poner un pie encima de su consorte para ejercer control en la relación. Si es un hombre flexible y razonable, y reconoce que esto del machismo es más un problema de condicionamiemto cultural, quizás estés ante alguién con buen pronóstico para salir avante de los nudos culturales a los que cada hombre, sin excepción, se ve sometido, unos en menor intensidad y otros más acentuados en este renglón.

8.- **Conciliador y con habilidades de comunicación y diálogo**. La capacidad de comprensión y empatía en un hombre le permite poner en práctica sus habilidades de conciliador. Además de todo el diálogo se fortifica y, por tanto, la relación se enriquece. Es un verdadero gozo para las mujeres contar con un hombre que sepa escucharlas, entenderlas, y por sobretodo que tenga la habilidad de resolver las diferencias.

9.- **Entusiasta, positivo y optimista**. Estos tres conceptos se reducen a una sola cosa: una cara feliz, sonriente, afable, proactivo y enamorado por la vida. La clase de hombres que ven al vaso medio lleno y buscando siempre las cosas positivas hasta en lo más putrefacto, representan al hombre que toda mujer desearía tener en sus vidas. Es la clase de hombres que te ofrecen seguridad y alegría. Que te inyectan el deseo de vivir a pesar de los problemas en la vida. ¡Tu te mereces uno de ellos!

10.- **Alejado del vicio del alcohol, tabaco y otras drogas**. No es que se pretenda tener a un modelo de hombre en tu vida, pero si supieras cuantos hogares se desbaratan por efecto de tener a un hombre alcohólico en el hogar, y cuantas mujeres son abusadas y maltratadas por la misma razón, desearías tener este requisito como prioritario para elegir al que podría ser el hombre de tu vida. Pon especial cuidado a este elemento, porque estos vicios no se quitan por el hecho de matrimoniarte. No hay falsedad más grande que la mujer que dice que el hombre dejará los vicios cuando se case con ella. Nada más falso, te lo aseguro.

Si piensas que tanto requisito es abrumador y que no existe ningún hombre allá afuera que cumpla con todo ello, permíteme decirte que estás en un verdadero error. Todas estas variables son importantes a la hora de visualizar a un hombre en tu vida, y debes de tener los criterios muy altos y no conformarte con cualquier hombre que te hable de amor. Desde luego que existen hombres que cumplen a cabalidad todos estos requisitos. Lo que pasa es que casi siempre pensamos que no nos merecemos a dichos hombres, y solo los vemos a través de una vitrina, idealizados, soñados e inalcanzables. Nunca pidas menos de lo que te mereces. Ahora bien, los requisitos anteriores están elaborados y enlistados en una jerarquía del que tiene mayor peso al que menos lo tiene en una relación de noviazgo con prospectiva de formar algo más serio en el futuro. Sin embargo, eso no significa que los últimos en la lista no sean importantes. En cualquier caso deberás ser observante de los primeros cinco requisitos antes de tomar una decisión importante en tu vida, porque en ellos está inscrita la verdadera esencia y personalidad del hombre y la variables que debes tener presente que son necesarias para compaginar con esa persona, de modo que tu relación tenga certidumbre y para que muchas diferencias sustantivas estén resueltas. Recuerda una cosa: "El amor no basta en una relación". Digamos que es un elemento indispensable, pero por si solo no asegura la estabilidad de ninguna relación entre un hombre y una mujer. Como hemos podido revisar, hacen falta muchas otras cosas más, como las que hemos visto en este capítulo, para que la relación entre un hombre y una mujer con propósitos amorosos sea exitosa.

CARACTERÍSTICAS EN LA MUJER QUE ENAMORAN A LOS HOMBRES

Existe un mito entre las mujeres de que los hombres no se enamoran facilmente, y de que cuando eso llega a ocurrir el sentimiento de ellos es endeble, frágil y poco resistente, sino es que sospechoso de su autenticidad. De hecho, algunas mujeres tienen la idea que los hombres jamás se enamoran del todo y raramente se dan sin reserva en la relación con una mujer. Sin embargo, creo que en la realidad un hombre se enamora perdidamente por una mujer, en especial cuando ciertos elementos prevalecen y que son parte de su expectativa y gusto personal. Hay una serie de factores que influyen ciertamente al primer contacto y que son determinantes en la primera impresión que un hombre se forma de la mujer, aunque no sean elementos definitivos y altamente determinantes para su enamoramiento. No obstante, existen otra clase de aspectos en una mujer que se vuelven el foco de atención de todo hombre y que no fallan a la hora de entablar una relación emocional más profunda e íntima en lo respecta a la fascinación y enganche de un hombre por el sexo opuesto. Ahora permíteme contarte que es aquello en las mujeres como tu que enloquece y enamora a cualquier hombre, y que de pronto pudieran volverse la serie de cosas más importantes, y que a él relativamente lo mantengan unido con verdadero amor y cariño aportándole la certeza de sentirse correspondido y amado de igual manera o más de lo que tu sientes por él.

La primera impresión.- Categóricamente no podríamos negar el poder y el efecto de la primera impresión cuando un hombre conoce a una mujer y viceversa, sin embargo sustancialmente no estamos muy seguros de su repercusión sobre una relación para toda la vida. Por si solo, el primer contacto es justamente una buena o mala impresión que un hombre se forma a partir de elementos objetivos en la mujer, pero también de aspectos meramente subjetivos que el hombre se prefigura por razones personales y culturales arribando a conclusiones en torno al valor de la mujer como tal, lo que le permite tomar decisiones de alejarse o de buscar un acercamiento serio, o bien de pretenderla solo para distraerse y tener diversión si acaso la mujer lo permite. La llamada química que se establece entre una dama y un varón, no es otra cosa que la mezcla de las expectativas de lo que un hombre o mujer tiene del sexo opuesto, la prescencia de ciertos rasgos físicos de su preferencia, la idealización del otro y la necesidad de sentir amor en su corazón.

Lo primero que un hombre detecta en una dama, y se lo digo honestamente como hombre que soy, es su figura, su cuerpo y cara. Si usted le pregunta a un hombre sobre lo anterior y le responde que él "no es de esos hombres mirones", le aseguro que miente. El hombre es por naturaleza fisgón en torno al asunto de apreciar la estética de las mujeres. Su tendencia es mirar el cuerpo entero de la dama para después enfocarse en la relación propiamente dicha, es decir, en el diálogo de las cosas que parecen interesar más a las chicas, pero que de primera impresión el hombre no le da la importancia debida. Aquí es muy importante saber que los varones prefieren a las mujeres discretas en su forma de vestir, en la forma de coquetear y en la dulzura que emane de ellas en el primer contacto. Una mujer dulce y sonriente es siempre una garantía de seguridad de que un hombre estará allí para pretenderla. Ahora bien, si estamos hablando de una sonrisa fingida y muy expansiva de modo que lo falso se le note desde el tono y la intensidad, eso se convierte en un patrón repetitivo que los hombres han visto de más en muchas chicas y de lo cual no quieren volver a saber, pues ya están hartos de ello. No se trata de pretender ser otra mujer que no eres ni siquiera la décima parte tan solo por querer llamar la atención del hombre, pero una buena actitud y deseos de entablar una relación sin que se te note el apuro por lograr acercar a ese chico es al menos una garantía de que eres auténtica, y eso es algo que los hombres aman de una mujer y que nunca dejan de agradecer.

Otra cosa importante en el primer encuentro entre un hombre y una mujer, y que tiene impacto natural en la buena impresión del varón sobre ella, es el asunto de si la dama es muy callada y reservada, o bien si es una chica que tiene plática y sobrelleva muy bien la conversación. También existen mujeres muy parlanchinas, es decir, que nunca cesan de hablar. Creo que la mujer inteligente es aquella que sobrelleva una conversación prestando atención a lo que el hombre dice, pero también opinando de manera acertada y discutiendo los puntos de vista respecto del tema en cuestión, lo que demuestra el interés de ella por el encuentro y su habilidad para adaptarse a las circunstancias. Una mujer callada es una mujer aburrida, y muchos hombres no encuentran favorable una conversación unilateral en la que la chica solamente responde con monosílabos y movimientos de cabeza, y en ocasiones ni siquiera eso. Es cierto que el hombre es el que busca y persiste cuando una mujer le interesa, pero aquella dama que no sabe decir nada y espera a que el varón tenga que responder hasta por lo que piensa es en verdad una situación que pocos hombres están dispuestos a asumir. Eso es ciertamente poco alentador y destroza toda motivación inicial. Una mujer callada rompe con el encanto inclusive de su buen cuerpo y de su linda cara. Lo contrario se sitúa en la mujer que monopoliza toda conversación. Acaso un hombre pudiese sentir que el control de la relación esta a cargo de la dama, lo cual no es reconfortante para cualquier masculino acostumbrado a tomar la batuta y la dirección en la mayoría de sus relaciones con los otros. Aunque de pronto hay hombres a los que les gusta que la mujer sostenga la iniciativa y sean ellas las que tomen el papel activo en la relación. Sin embargo, una mujer que habla demasiado se descubre a sí misma en su necesidad personal de ser escuchada y atendida, y a la vez de su amplia incapacidad de escuchar a los otros. Un punto intermedio es algo más adaptativo y motivacional para cualquier hombre que entabla una conversación interpersonal, y no una mujer que requiera mayor atención de la que un hombre como tal puede darle. Quizás lo que este necesitando es a un psicólogo o un consejero que pueda escucharla largo y tendido, pero pretender que un hombre se acerque con interés y que su verdadera necesidad es que alguién le escuche, es como jugar un juego de azar, tirar los dados a la suerte y a ver que resulta sin mayor certidumbre que la suerte misma.

Otro aspecto importante a considerar bajo la lupa del primer encuentro con un hombre es la facilidad con la que accedes a una cita posterior. Como mujer indudablemente debes guardar cierto recato ante las peticiones rápidas del cortejador en turno. El hombre suele ser un tanto acelerado en ese aspecto, lo que muchas veces es malinterpretado como un atrevimiento poco sensato y fuera de contexto para una chica decente la cual aspira ser conquistada de forma gradual y sin prisas, o por lo menos guardando las apariencias. Para un hombre urgido de una chica las peticiones de salir al cine, bailar o asistir a encuentros con amigos en común puede ser normal, pero una chica que se da su lugar y manifiesta una dignidad de mujer casta y respetable no cede a la primera invitación, y eso es un punto a su favor. De verdad que a un hombre le fascina una mujer algo difícil, y muchas veces el hechizo se quiebra cuando ella muestra un "si" ante cada petición que aquel le suelta. No acaba de invitarla cuando ya respondió con una urgencia de mujer que siente que se le va el único tren en su vida si se niega ante la "maravillosa" oportunidad que se le pone enfrente. Pero eso puede ser un arma de doble filo, y hay hombres que no juzgan apropiadamente a las mujeres que acceden en forma tan rápida a cada insinuación. Así que, personalmente te aconsejo a ti mujer que lees este libro que te des tu lugar en ese momento de debilidad, y no creas que nunca más volverá a invitarte ese hombre. Mas al contrario, eso puede ser un aliciente para seguirte buscando y/o pretendiendo sin perder tu valor de mujer decente, ganando terreno fértil para una amistad sincera y, eventualmente una relación de noviazgo formal. Y si no te busca es porque no le interesas. No creo que quisieras estar con alguién a quien no le importas.

Los encuentros posteriores.- Si tu cuerpo no es precisamente una escultura hecha a la medida por Miguel Angel, no tengas la mayor preocupación porque si un masculino te busca después del primer encuentro es porque ya le gustaste sea como fuere. Ahora, el paso siguiente es averiguar que es lo que desea de ti. Pero por lo pronto digamos que ya has superado la prueba inicial más importante. Debes saber que muchas mujeres se quedan en este primer paso, y a cada encuentro con un hombre manifiestan un temor grande de pasar desapercibidas y de no ser correspondidas en su interés de entablar una relación mas allá de la simple amistad. Si estás en la necesidad de capturar a un chico y lo has motivado por medios ciertamente ventajosos, aunque también válidos, y con ese término me refiero al coqueteo abiertamente declarado, entonces tal vez ese chico te busque pero su interés problablemente cambie de rumbo. No siempre que un hombre se acerca a una mujer es porque lleva buenas intenciones, pero si sabes de antemano de tus coqueteos explícitos y nada recatados, entonces no te quejes de lo que ese hombre comienze por buscar de ti cuando no sea precisamente tu corazón y tus sentimientos. Tal vez está interesado en pasarla bien y tener un momento de diversión. Dado que lo has incitado con miradas y movimientos corporales que lo que hacen es despertar el deseo en un hombre más que el amor que pueda sentir por ti, quizás te lleves una sorpresa que no te gustará. Bueno, posiblemente te guste ese juego y lo buscas deliberadamente sin mayores complicaciones. Pero esa otra competencia y motivo de una discusión posterior. A hora bien, si ese hombre insiste en buscarte sin que hayas hecho mayor cosa que la de causar una impresión natural de tu persona sin mayores complicaciones, o una buena impresión en base a los modales esperados por una linda chica en sociedad, o bien una combinación de ambas posturas pero en la que se reflejen tus valores de respeto, educación y buenos modales al trato, y que algunas características de tu personalidad resalten tu persona tales como la discresión, la amabilidad, la sonrisa natural, la ingenuidad real, la dulzura de tu voz (sin aumentar el tono porque eso se vería ridículo) y el interés y la atención que pongas en el chico, que lo mires de frente y a los ojos, debes creer que ese hombre se está anganchando a ti por razones muy por encima de buscar una simple aventura o un pasatiempo. Es probable que lo que le interese de ti sea tu forma de ser, tu actitud y, por supuesto, tus encantos físicos. Muchas cosas ocurren al primer encuentro que posteriormente dejan de existir en las citas posteriores, y una de esas cosas que debes prestar atención es en resaltar lo que ya posees y no colocarte rasgos de personalidad que no existen en ti porque eso se volverá una carga difícil de sostener. Tendrás que ser tu misma pero en versión mejorada, que no inventada. Si mientes en tu forma de ser adoptando actitudes que no te pertenecen ni te vienen, tarde que temprano tu personalidad las delatará y mostrarás lo que en verdad eres por dentro. Si deseas construir un mundo aparente, adelante pues, pero algún día se derrumbará como un castillo de naipes por la falta de cimientos.

Es importante, en los encuentros subsecuentes, que como mujer te des la oportunidad de conocerle (al chico) y no solo de posar como una especie de materia de investigación a la que hay que conocer y escudriñar, preguntar, analizar, etc., etc., etc. En realidad debes tomar la delantera en ese importante aspecto que muchas mujeres soslayan. Si estas saliendo con un chico es porque te sientes bien con él y/o por lo menos te distraes. Entonces cabe la posibilidad, y es válido, de que tu seas una parte activa de la interacción no solo como una rosa a la que hay que deshojar para conocer por dentro. Si persistes en la pasividad es posible que termines por aburrir a tu cortejador y éste se retire de la arena del amor. La parte crucial en una mujer es que debe esperar a que el varón la llame, la cite, le pregunte si quiere salir con él, la invite al cine, a cenar, etc. Es innegable hoy en día que la mujer toma ventaja de una liberación mal entendida en la que se apareja al hombre o pretende ser su igual, pero aunque para Dios todos somo iguales, en la cultura que nos ha tocado vivir las reglas son distintas para uno y para otro. No estoy de acuerdo en esta reglamentacion desigual, pero la cultura y la sociedad es algo que ni tu ni yo hemos inventado; nacimos y vivimos en ella y debemos seguir sus reglas para la buena y armónica convivencia. Y es por eso que señalo que un hombre tiene la iniciativa en el aspecto de invitar a nuevos encuentros, pero la mujer tiene otras ventajas bajo las cuales el hombre poco o nada tiene que hacer. Una dama que trasgrede las reglas culturales de las relaciones interpersonales, que quiere ser ella sin importar las reglas de la cultura y denota una mentalidad "muy abierta" en los temas relativos al sexo y al aborto entre otros, es una mujer que despierta la sospecha en los hombres de que algo no marcha bien en ella. Antes de averiguar lo que sucede, el hombre se retira sin proferir palabra alguna. Como dicen "cada quién es como es" y ante eso que le vamos hacer. Mejor ofrecete la oportunidad de ser una mujer que se de a respetar, que enarboles el valor de la dignidad y que demuestres al hombre que te pretende que crees en el matrimonio, en la familia, y que posees al alto valor de la virginidad y/o, en su defecto, de la castidad y en otros valores acuñados en tu familia y en ti misma.

Una pregunta que todo hombre se hace acerca de la mujer a la que pretende es ¿se habrá acostado antes con algún chico? o, por lo menos, si ha tenido novio en el pasado ¿se habrá dejado manosear por él? Por supuesto que nunca te lo preguntará, pero tratará de averiguarlo por otros medios a su alcance según su situación psicológica de seguridad en si mísmo y estabilidad emocional. Tal vez le baste conocerte si es un chico prudente y racional. Con solo saber de ti y platicar unas cuantas veces un hombre puede advertir de tu falsedad como mujer o de tu honestidad y autenticidad. Ello puede ser el punto de partida para entablar una relación de confianza y seguridad tan necesarias para que un hombre persista en la relación. Si hay un resquicio de desconfianza, si algo le atora su corazón y su juicio le dicta que algo no está bien, su desconfianza se incrementará y se volverá muy cauto contigo. Eso quizás sea el principio del fin de esa relación. Igual puede ser una perspicacia neurótica del chico por ser alguién que no maneja bien la seguridad en si mísmo; igual puede ser que la chica sea una de aquellas de precio barato y de corazón purulento segregando un pasado y un presente infecto. En cualquier caso, el futuro de esa relación sería un rotundo fracaso.

Por otro lado, es menester que sepas que nunca debes mostrar una apariencia que se aleje mucho de tu forma de ser. Es decir, no mientas sobre tu propia persona ni te engañes a ti mísma. Pretender ser otra mujer distinta de lo que eres se nota a primera vista. Ni es aconsejable, ni es válido ni es sano hacerlo. Eso no es nada bueno para una relación. El buen hombre aprecia el que te muestres tal como eres, por supuesto colocándote un "bonito moño" para que luzcas linda, pero no "cambiándole el regalo" por que no se trata de eso. Dice un dicho que "si siempre dices la verdad nunca tendrás que recordar lo que dijiste". Así mismo, si te portas de una manera que sea la tuya, las próximas ocasiones no tienes que recordar de que forma te comportaste la última vez que te citaste con el chico. Recuerdo a un amigo que me decía que una mujer a la que recién había conocido en una fiesta, le había platicado de su pasado en esa noche que la conoció. Después de un tiempo, en un encuentro posterior entre ambos, la misma chica le daba una versión distinta sobre su vida pasada que no concordaba con lo dicho antes, ¡qué bochorno! Si te ha pasado algo parecido, debes poner especial cuidado en ello. No hay ninguna ventaja en mentir, antes bien con el tiempo se pueden revertir las circunstancias y puedes sufrir mucho con un disfraz. Las mujeres que fingen más allá de lo que son se ven ciertamente como esperpentos, escasas de recursos psicológicos, exiguas, ridículas en una palabra. Vale más no insistir en métodos que de pronto solo traen ganancias efímeras y superficiales, pero que generan problemas de relación garantizados a largo plazo.

SIGNOS DEL HOMBRE ENAMORADO DE UNA MUJER

A veces se torna necesario para una mujer en un momento de desasosiego y duda, si su pretendiente, novio o incluso esposo la quiere de verdad. En este punto me voy a permitir señalarte algunas cosas prácticas que de una o de otra manera índican cuando un hombre realmente se encuentra enamorado de una dama. En primer lugar, un hombre enamorado de una mujer respeta sus ideas y a ella misma como mujer. En el verdadero amor nadie desea cambiar a nadie; ambos se respetan tal cual son, con sus ideas, sueños, formas de pensar, de enojarse, de lo que te gusta y disgusta, además te trata como a una dama de verdad y te hace sentir la más importante de las mujeres. Ante su presencia logras sentirte como una verdadera reina. En segundo lugar, ese hombre disfruta tanto al estar contigo que ello se vuelve un acto casi religioso, un credo personal que se clava en su corazón para profesártelo a ti. Nunca se cansa de estar contigo y quiere estar hablando y hablandote todo el día. De hecho, el día se le hace corto porque siempre quiere estar contigo. Digamos que empiezas por ocupar un lugar muy importante en su corazón. No siempre es asi, pero en ocasiones ni se da cuenta de que han pasado las horas, nunca se aburre y eso es de todos los días o casi todos los días. Puede ocurrir que cuando se retira a su casa después de verte, toma el celular y te habla, y la cosa continúa hasta muy avanzada la madrugada. Éste es un síntoma inequívoco de que un hombre está enamorado de una mujer. En tercer lugar, un hombre enamorado de una dama le entra el gusanito de estar con ella toda la vida. Dependiendo de sus valores y de los tuyos también, querrá estar contigo así "nómas juntados", o quizás deseará matrimoniarse contigo, que me parece lo mas plausible en el amor verdadero. Tal vez experimente cierto temor de proponerte estar contigo por toda la vida, pero ese temor es natural a todo hombre. La decisión que está por tomar es para toda la vida, ni más ni menos. Así que no te desanimes si le aparece ese miedo, porque en el verdadero amor todos esos obstáculos quedan vencidos a su debido tiempo. Tarde que temprano lo tendrás rendido a tus pies proponiéndote matrimonio. En cuarto lugar, el respeto y el cariño a tu familia y en especial a tus padres es algo patente en un hombre que quiere a una mujer. El verdadero enamorado sabe de tu amor a tus propios padres, papá y mamá, inclusive a tus hermanos, entonces el mismo será muy cuidadoso con los que tu quieres; estará empezando a querer a los tuyos por el hecho de amarte a ti. Y en quinto y último lugar, el tiempo que pasas con él es un tiempo de calidad en que se gozan de estar juntos, y eso te hace sentir cómoda y feliz. La relación con ese hombre se goza al noventa y cinco por ciento, y el resto del tiempo es lo relativo a cada pareja con diferencias y problemas normales a cualquier relación. Es decir, el gozo es mayor que las diferencias y te sientes segura y protegida a su lado.

Si sientes que la relación es y ha sido un calvario, y contiene poco o nada de lo enteriormente expuesto acerca de los signos de un hombre enamorado de una mujer, retirate de esa junta porque nada bueno trae, y es de mal agüero seguir insistiendo pensando que lo cambiarás, y dejame decirte que no hay pensamiento más errado que ese. En el amor nadie cambia a nadie. Si lo conoces "borracho" así lo será por siempre, a menos que cambie pero por otras razones, no porque tu lo hayas cambiado. Si piensas que ya de casados muchos de los males desaparecerán, te tengo malas noticias: el matrimonio agravará aún más esos conflictos, y entonces lo que medio mundo hace ahora por no fijarse con quién se casa, se divorciará de ti apenas iniciado el flamante matrimonio. Entonces dirás: "el que sigue en turno". Piensa bien con quien andas, y piensalo no dos veces, sino un montón para asegurarte de tu futuro, de tu bienestar y sobre todo de tu decisión sabia de asumir el sacramento del matrimonio, lo cual, desde luego, no es ningún juego. Que no cualquier pelagatos te sorprenda con un amor a medias, con unas frases bonitas, con unas rosas que ni el siente en su corazón (pero que siente mucho en su bolsillo cuando las compra), y que pongas el corazón y el cerebro en sincronía. Y recuerda una cosa: en la relación el amor no basta como ya lo vimos en este capítulo. Hacen falta muchas otras cosas. Recuerda "El amor no es cosa suficiente en una relación"

CUANDO EL AMOR LLEGUE, CUIDALO Y PROTÉGELO

Los propósitos y alcances del sentimiento llamado amor son infinitamente maravillosos y benevolentes. El amor es el sentimiento más profundo y hermoso que un ser humano puede experimentar. Como tal, el amor lo produce todo. Es capaz de generar la vida y los cambios plausibles, inclusive en aquellos corazones duros e inaccesibles. Tiene el efecto de crear relaciones permanentes entre las personas, de producir y motivar la espontaneidad latente. El amor es el regalo más grande recibido, aunque, por desgracia, no muchas veces bienvenido. Rige y mantiene la unión, la buena convivencia, el respeto y los deseos de autorealización. Es tan grande que no nos cabe en el corazón, pero tan solo un pedacito de Él es lo suficientemente grande como para inundarnos de sus portentosos frutos. Deja que el amor se apropie de tu existencia; permítele que se apodere de tu espíritu. Déjalo fluir libremente en ti y conviértete en su rehén. Es en realidad el sentimiento perfecto que nunca se equivoca. Es afecto puro, casto, virtuoso e inmaculado que desencadena y libera. Haz que penetre tu ser; alíate a Él cuando se enfrasque contra el odio y el resentimiento. Camina junto a Él para que te muestre el camino a tu verdadera felicidad, a una vida dichosa no obstante los avatares de tu historia personal, de tus traumas, de tu presente en ocasiones tan oblicuo, de tus penas y del desértico futuro que avizoras desde ya, desde siempre por tu permanente negativa de aceptarlo en tu vida.

Nada importa, solo el amor, el verdadero amor encarnado en Cristo Jesús y puesto a tu disposición, a las puertas de tu corazón. Tómalo, cógelo, tócalo, siéntelo, asúmelo y apropiate de su escencia y experimenta el incalculable valor de su belleza. Si esto ocurre en tu diario vivir, el amor hará que te gozes en su prescencia, en ti mísmo como persona, en tu familia, en el prójimo y en el hombre del cual te enamores o del cual ya lo estás. Cuando este sentimiento tan especial llamado amor que Papá Dios nos ha regalado está presente en tu corazón y a flor de piel de manera tal que lo sientes, lo vives y lo disfrutas intensamente y es parte indispensable en tu diario vivir, no hay problema humano alguno ni error dentro de cualquier relación interpersonal que pueda resistírsele. Todo pero absolutamente todo le queda minúsculo ante su prescencia, y todo aquello que atente contra el deseo de amar se desvanecerá irremisiblemente. Si pasas por un momento particularmente difícil en tu relación matrimonial, reconsidera si ese amor aún se encuentra ahí y quizás tengas que oradar muy al fondo para traerlo a la superfice. Si tu corazón todavía arde por ese hombre, entonces debes limpiar el camino para llegar a ese hermoso sentimiento, de podar el sendero de todo prejuicio y rencor que pudiéses estar albergando y que no te permite avizorar justamente ese gran amor que Dios ha puesto en tu corazón por ese hombre. Haz a un lado cada cosa que atente contra el sentimiento que da vida y esperanza. Búscalo y no permitas que nada ni nadie se interponga. Solo recuerda que"el amor se paga con amor". Entre más lo practicas, más se fortalece; entre más lo ofrezcas, más se te devuelve, y entre más lo regales sin condición más bendiciones tendrás en tu vida. No hay nada más hermoso y sublime que amar y se amado a la vez. Y por supuesto, tu no querrás que el bello sentimiento se te acabe por ningún motivo. De verdad que para mantener viva la llama del amor tenemos que enamorarnos de todo cuanto Dios nos ha dado, de ser positivo en la vida y ofrecer una buena cara al mal tiempo. Dios nos ha enseñado que el verdadero amor se sufre. Y si tienes esa semillita sembrada en tu corazón, debes comenzar por amar cada cosa que te rodea. El amor está aquí presente en tu vida. No está en el pasado ni en el futuro. De hecho, las cosas más bellas de la vida no son las que están por venir, ni tampoco las que deseaste alguna vez en tu vida. En realidad las cosas más hermosas que existen en tu vida son las que hoy mismo tienes a tu alrededor, pero quizás no te has dado cuenta porque tu mente vive en o del pasado, o bien vuela muy al futuro pensando en lo que vendrá. Es el aire que respiramos y la buena salud que gozas, son las nubes que vemos, es el aroma que despiden las flores y los sabores de los frutos que Dios nos ofrece lo que constituyen las cosas más increíbles que alguién podría habernos otorgado. También son los seres que más amas en tu vida y aquellos que te aman y te brindan su cariño como ejemplo de las cosas bellas que te rodean; de suma importancia son las personas que necesitan de tu apoyo y consejo, de tu palabra de aliento y de un abrazo que los haga sentirse queridos.

Ellos también son parte de las cosas bellas alrededor de tu existir. Como podrás notar, las cosas maravillosas de la vida están a tu alcance con tan solo abrir tus ojos, respirar hondo, degustar lo que la naturaleza te ofrece, tocar cuanto puedas y, sobre todo, escuchar los latidos de tú corazón, porque cada latido es un llamado de Cristo Jesús.

Lo que vales como mujer.- Siempre es bueno y saludable mantener un concepto maravilloso de uno mísmo, lo que redunda en una autoestima que te permite ser y actuar positivamente ante los demás. En la relación con el hombre que Dios ha puesto en tu vida debes ser tu con todas tus virtudes y con la frente en alto por lo que eres, sin importar cualquier pasado por desgraciado y amenazante que haya sido. El hombre valorará tu fuerza interior y la estima que tengas para sobreponerte ante cualquier prejuicio, situación de conflicto o fuerza negativa. Si sabes que el amor está en tu vida, entonces lo que se supone debes trasmitir a tu hombre y a los demás es justamente ese amor. Así que ejercita esa imagen de ti ante un espejo y expresate a ti mísma lo valiosa que eres y la importancia que tienes como ser humano. Nadie más que tu puede hacer que el espíritu crezca esplendorosamente y te conviertas en la hija predilecta de Cristo. En el fondo de tu persona no solo late el corazón, sino el deseo de vivir la vida intensamente, de amar profundamente y de ser correspondida en igual o mayor medida.

Ahora bien, si ese amor te ronda pero no atinas su dirección y propósito, abrele tus alas y has a un lado la desconfianza. Cuando un hombre está inseguro de sus sentimientos, o bien su autoestima es muy baja o su timidez no le permite mostrarte sus sentimientos abiertamente, es muy complicado para ese hombre acercarse a una mujer, y por tanto no se atreve a un encuentro más íntimo. Es posible que experimente un temor al rechazo muy grande, mientras que tu estás interpretando otra cosa muy distinta.

La preocupación por tu belleza en la relación de amor.- Algo muy importante en relación a las damas que aprecian su belleza configurativa (la del cascarón) es que muestran un buen nivel de valoración y/o estima de si mísmas, lo que les confiere ese hermoso sentimiento de sentirse bellas, guapas y simpáticas, aunque muchas veces no lo sean desde un punto de vista estético basado en un comparativo consensual de los rasgos y características de belleza de un determinado grupo, país o raza. Lo que importa es el sentimiento de la mujer y la adecuada autoimágen que se ha formado de ella misma, acompañada de una autoestima suficiente para sentirse bien y con los demás. Aunque en ocasiones estas mujeres necesitan de la retroalimentación en referencia a su belleza, y hacen esfuerzos increíbles para lograr que esto ocurra, lo cual pudiera significar, en cierta forma, un debilitamiento de la buena imágen, lo cual a su vez es motivada por la aparición de aquellos síntomas asociados a los años vividos. Las patas de gallo en los ojos, los párpados que se caen, las tenues arrugas que exigen más y mejores cosméticos para la piel, las canas, el vientre que se abulta a pesar de la dietas y ejercicios, la papada en el rostro, el natural embarnecimiento general del cuerpo que a todos los seres humanos nos ocurre y que nada ni nadie pude subsanar, son algunos de los síntomas que la edad no perdona y que a muchas mujeres causan estragos en la buena percepción de sus personas. Por tal razón las damas que comienzan por experimentar los cambios naturales por la edad requieren de la apreciación de otros, que alguién más les diga cosas tan triviales, pero que para ellas son bastante importantes, como por ejemplo ¡que guapa estás! ¡que te hiciste que estás tan linda! ¡Que bella saliste en la foto! En ocasiones, una mujer que antes se consideraba bella y de repente el espejo le indica otra cosa, fragua una lucha encarnizada contra toda posibilidad del contexto de ser perceptuada en forma distinta a lo acostumbrado. Le preocupa mucho la opinión de los otros y se esfuerza por aparecer más hermosa haciendo uso de todo cuanto pueda, por supuesto dependiendo de la fuerza de las intrascendentes necesidades que en ocasiones superan a las apreciaciones sanas. Si es así, entonces muchas posibilidades para satisfacer esas necesidades superfluas comienzan por aparecer en sus vidas. Las operaciones estéticas se vuelven una obsesión, y eventualmernte en hechos concretos. En cuanto al peso, dejando de lado las consideraciones medicas aconsejadas por los riesgos a la salud, si esta condición no esta presente y aún así la mujer persiste en dietas extremas y en soluciones estéticas profesionales y caseras para verse mejor y sentirse mejor, entonces la balanza entre las apreciaciones sanas y banales se inclina a favor de éstas últimas. Si todas estas situaciones aparecen por efecto de perpetuar una belleza a todas luces innecesaria, entonces hablamos de una mujer que ha sido superada por sus complejos y traumas, por la banalidad de ser bella del cascarón y no de su corazón.

Mantener un balance entre la buena imagen personal, una estima positiva y referencial para la persona y los estereotipos culturales en relación al significado de belleza femenina, es un desafío a la integridad de una mujer y a su natural vanidad. Sin embargo, una mujer que sabe sopesar entre lo trivial y lo profundo en relación a la belleza exterior e interior reconoce que la primera dejará de ser tarde que temprano, mientras que la segunda nunca perecerá, mas por el contrario crecerá y dará mayores y mejores frutos. Una mujer sanamente balanceada identifica claramente cuando lo exterior comienza por abandonarla dejando todo el amplio horizonte a la belleza del alma, para de ese modo sublimar todas sus fuerzas y deseos y reencontrarse ella mísma, consolidar una vida con prospectiva basada en grandes valores morales, potenciación del ser y búsqueda de su significación (el sentido de si). Lo que parece sencillo a simple vista en realidad es más complejo de lo que imaginamos, pues para que la mujer logre tamaña empresa requiere de un buen equilibrio personal, una gran fuerza de voluntad y una actitud de optimismo ante su propia realidad, no obstante sus mundanos deseos nimios que de pronto le enciman y le tientan, y sobre todo de la comprensión y todo el amor de su cónyuge. En cambio, una mujer débil que se deja llevar por los valores que defienden y promueven una belleza insustancial, encuentra un camino escabroso y complicado rumbo a la belleza del corazón. Se puede ser bella de fuera y de dentro a la vez, y eso está muy bien, aunque, debo decirlo, la mujeres son siempre bellas del exterior. La duda queda entonces acerca de lo que hay en su corazón; de si la bondad y ternura están presentes, o la maldad y la falsedad predominan.

Es libre la elección de convertirte en una mujer heroína para otras mujeres, en un ejemplo de amor y preocupación por los propios y ajenos, con una gran sensibilidad al dolor de los demás y una creciente pasión por el servicio a quienes lo requieren. Esa es la belleza más profunda que una mujer pudiese aspirar al saberse hija predilecta de Dios Padre. Pero también se encuentra la otra cara de la moneda, y la mujer tiene libre elección de acceder a ella. Su libre albedrío le asiste y tiene capacidad de quedarse con la belleza del cascarón y desocuparse de la íntima, la profunda, la que responde al buen espíritu. Si te encuentras en el tiempo de que tu belleza exterior comienza por minarse, dale tiempo a la interior que es más hermosa y duradera. Nunca prescribe y cada vez se fortalece. Ocupate de ella porque esa es la belleza que conduce a la autorealización como mujer y como esposa, como madre y como hija, como persona y ciudadana, pero sobre todo como verdadera cristiana en tu comunidad y ante Dios Padre que tanto te ama y que dió la vida por ti. Que acaso ¿eso no es hermoso? Bueno, pues ahora sabes que eres libre de ofrecerte por entero a cada belleza: la que al mundo agrada o la que a Dios hace feliz. Si logras ésta última, te felicito. Estás en el camino. Si logras la del mundo solamente, te exhorto al cambio, Dios siempre estará esperándote con los brazos abiertos para cuando tu te decidas. Ahora bien, si logras las dos bellezas, la interior y la exterior, no me queda mas remedio que quitarme el sombrero y desear que muchas más mujeres emulen el camino que has elegido, como un ejemplo de fuerza, amor y voluntad. Además de todo, tu consorte quedará fascinado con tu forma de ser interior y exteriormente. Ser tu cuesta mucho pero vale la pena.

Acercando la intimidad en el amor.- Sin duda alguna la intimidad es una parte fundamental de la relación entre un hombre y una mujer. Digamos que es algo esencial en la vida de los cónyuges para que puedan alcanzar la felicidad en su matrimonio. Intimar con la pareja es profundizar en la comunicación de modo tal que en la relación ambos alcancen un conocimiento amplio de los sentimientos, pensamientos, actitudes y perspectivas de vida uno del otro. Con el tiempo, el matrimonio logra habituar como parte de su proceso de vida y crecimiento el esquema de prospectiva, y los cónyuges ven reflejado el amor a través de sus actos. En realidad, la intimidad de un matrimonio llega a ser tan efectiva para que la relación llegue a ser existosa que se vuelve parte imprescindible de la vida. Una vez que la haces tuya en la relación, tu vida cambia radicalmente. Comienzas por ser feliz con tu esposo, y con todos los que te rodean.

Practicar la intimidad es dialogar con tus actos, tus pensamientos; es ofrecerte en cuerpo y alma con quien ha demostrado su amor contigo ampliamente. Intimidar con tu pareja o esposo es desnudar tu alma sin prejuicios que contravengan su naturaleza. Cuando te encuentras con el dilema de si tu pareja está siendo honesta en la relación, debes hacer caso al dictado de tu corazón unido al sentido común templado por un razonamiento preciso del conocimiento de aquel hombre. Porque de hecho algo le conoces a él desde el momento que tu le has entregado algo de tu intimidad, y con ello no estoy abordando necesariamente el asunto sexual, sino a las cosas que has compartido acerca de tu vida, de tu interior como persona que eres, de las cosas que más amas en la vida, etc. Nadie intimida con nadie a menos que exista mutualidad en la relación. Acercar la intimidad a tu relación debe tener cierta dósis de amor y/o una lealtad y confianza sana y disfrutable con él. No se puede intimar con alguién si existe temor o desconfianza. También debes despejar las dudas y mover a un lado todo aquello que pueda contaminar el deseo de compartir entre pareja; inclusive poner en la mesa del diálogo las partes vulnerables de la relación y de cada uno en lo particular para arribar a un entendimiento en el que solo ambos entienden el lenguaje de lo que se comparten. Cuando la intimidad es profunda sobreviene el gozo interior entre ambos cónyuges o novios, y el conocimiento de uno del otro les otorga una fortaleza interior como seres humanos y en la relación. Más aún, cuando la intimidad de ambos se ha cuajado en la relación con Dios colocándolo justo en medio de los dos, entonces la intimidad es plena, total y completa. Ello significa que la intimidad de tu relación queda a cargo de Cristo Jesús quién le da la fortaleza cubriéndola de bendiciones y apartándola del mal. Un matrimonio que establece ante todo una intimidad profunda en el diálogo, y que sostiene también la intimidad ante Dios como seres individuales y como pareja, crea ante sí un vínculo amoroso profundo y resistente ante los obstáculos normales que la vida les depara. Aquí es donde concurre la santificación de ambos en un proceso de crecimiento espiritual al cumplir con los sacramentos de iniciación Cristiana y mantenerlos vivos al paso del tiempo. La confesión y la reconciliación períodica, así como la comunión por medio de la Santa Eucaristía son parte de lo que un buen matrimonio practica a menudo para alcanzar la santidad. Además, el matrimonio que coloca a Dios en medio de ellos es un matrimonio que ora cada día como pareja o en forma individual; incorpora las oraciones por los alimentos diarios, por la vida de cada día, por todas las bendiciones que reciben de Dios. Un matrimonio que se vuelca en intimidad con Dios es un matrimonio exitoso en el amor y la felicidad. Si se trata de un noviazgo, entonces la cosa cambia. Sin embargo los novios deben entender que para llegar a convertirse en un matrimonio con prospectiva, deben ambos trabajar juntos muchos aspectos personales para dejar bien en claro la compatibilidad de caracteres, y de valores familiares y culturales. Una vez resuelto este asunto, entonces el amor puede florecer y la intimidad tiene puertas abiertas en el corazón de los futuros esposos. Sin embargo, para que una pareja de novios llegue a un buen nivel de conocimiento y comprensión, se requiere de una actitud positiva de ambos para tal propósito. Una buena disposición es de una gran ayuda para avanzar en el diálogo, el respeto y el compartir las cosas que atañen a cada quien dentro de la relación de noviazgo. Hay que recordar que un matrimonio exitoso se forma desde el noviazgo, etapa en la que se sientan las bases para iniciarse en el sacramento matrimonial y la vida en común. No es lo mismo vivir cada quien en su casa cuando son novios, que cuando ocurre el matrimonio y vives cada día con el ser amado. No obstante, los novios pueden alcanzar un nivel de intimidad que les permita conocerse ampliamente antes de que se tome la decisión de vivir sacramentando su relación ante Dios para formar una sola carne. Una vez casados los ajustes sobrevendrán irremediablemente, las diferencias aparecerán como por arte de magia y los conflictos normales marcarán un desafío a la estabilidad del matrimonio, a la capacidad de dialogar y al amor que se tengan el uno al otro.

LA VIUDEZ: VOLVER AMAR
CON RENOVADOS BRÍOS

La mujer viuda.- Bajo la condición de viudez, una mujer tiene el cristiano y legítimo derecho de volver a sacramentar su relación con otro hombre. La mujer es libre de elección, ya sea de quedarse sola o de volver a casarse. Sin importar la edad en que ocurra que la mujer se quede viuda, el sentimiento de soledad siempre es el mismo, y a diferencia de la mujer divorciada la mujer viuda no experimenta sentimientos de frustación asociados a una culpa natural por el divorcio. Mas por el contrario, la mujer viuda pudiera llegar a experimentar un sentimiento de abandono y hasta de rechazo por lo acontecido en su vida. Si la viudez te ha llegado en la juventud, el dolor es intenso y complicado de sobrellevar al principio. Con el paso del tiempo la carga se va aminorando porque las necesidades de tus hijos, si los tienes, ocupan gran tiempo en tu vida. La prioridad ahora la ocupan los hijos y el vacío que queda poco a poco va llenádose con el amor de ellos. Pero si la viudez te ha ocurrido en la etapa de tu madures como mujer, en donde tus hijos ya han crecido y quizás hasta han formado su propia familia, entonces el dolor puede ser sobrellevado de mejor manera porque, hasta cierto punto a cierta edad siempre se tiene la perspectiva de la muerte en la pareja aunque, no sea un tema que se aborde porque existe un temor natural. Sin embargo, la mujer madura que se ha quedado viuda puede llegar a sentir una crisis existencial de lo que será su vida en adelante, y con ello un vacío profundo en su corazón al sentir que su vida está muy cerca del fin, especialmente en el terreno amoroso. En otras mujeres que enviudan, ésta condición la perciben como un segundo vuelo en su vida y logran sobreponerse más facilmente por esa actitud positiva ante la vida. No se tiran al cuidado de los nietos del todo, sino que aprovechan lo que la vida les ofrece para darse otra oportunidad de amar y rehacer su vida en las postrimerías de su existencia. Eso dependerá de cada mujer y de cada corazón. Ello es más una cuestión de actitud que de cualquier otra cosa.

CONSIDERACIONES FINALES

Cuando las cosas no andan bien, habitualmente buscamos remedio alrededor nuestro. Miramos a quienes nos rodean, a la familia, nuestros amigos íntimos y a todos aquellos con los que mantenemos un lazo afectivo importante. Por lo regular escuchamos una opinión sincera que nos hace recordar de nuestras debilidades. En ocasiones nos brindan un consejo que va directo al alma que nos redarguye en lo profundo. Finalmente, solemos escuchar opiniones frías y desatinadas que no llegan más allá de lo que podemos admitir como verdadero en nuestras vidas. Sin embargo, no siempre estamos dispuestos a ceder en la relación con los otros y casi nunca intimidamos afectivamente en nuestras relaciones interpersonales. Tenemos miedo de arriesgar nuestros afectos y nos aterroriza la idea de vincularnos afectiva y emocionalmente con alguién más. Nos cubrimos de inseguridad y nuestro corazón permanece cerrado al contacto íntimo. De este modo vamos perplejos por el mundo en un camino sin brillo y sin esperanza. En este trayecto, nos encontramos con un cúmulo de metas insatisfechas, postergadas, nunca resueltas y muchas veces insuperables. Nos cuesta mucho trabajo admitir que nuestras capacidades son limitadas. Pensamos que somos autosuficientes en muchas areas de la vida aún con todas estas vicisitudes. El orgullo personal nos levanta aunque el vacío espiritual nos empobrezca. No somos sinceros con nuestras personas. Nos derrotamos al pensar que nadie más nos podrá ayudar. Ahora bien, si tu estás buscando el verdadero amor en tu vida y le pones trabas cada vez que se acerca siquiera, o estás pretendiendo rescatar al que piensas se había diluído en el tiempo, pero el orgullo no te permite actuar con libertad de amar, entonces debes saber dos cosas al respecto: en primer lugar, búscalo cada día incesantemente, lucha por ese amor hasta el cansancio. Los verdaderos amores no merecen trabas porque se ofrecen sin condicionamiento de ninguna especie y, en segundo lugar, cuando llegue ese amor de forma verdadera, aconseja a tu corazón abrirse ampliamente y con honestidad. Ambos corazones necesitan sopesar las diferencias y las coincidencias, para lograr los ajustes de modo que al amor que se profesen pueda sobrevivir al tiempo y a las adversidades, prueba máxima a dos corazones que desean fundirse el uno al otro. Y por último, hay algo que nunca debes olvidar: A las puertas de tu corazón, Dios estará esperando que le cuentes tu vida y confíes en Él totalmente para alcanzar la real plenitud de la vida. Solo Dios sabe de nuestro destino y lo ha cuadrado de la mejor manera por nuestro bienestar, aunque nos parezca lo contrario. Sus planes son divinos, mientras que los nuestros son muy humanos y, por tanto, con una gran cantidad de deseos propios y de desatinos. Abrele a Cristo la puerta de tu corazón en las buenas y en las malas. Siempre estaremos en necesidad de su presencia. Pídele por tu futuro, por el esposo, que aún no conoces, pero que seguramente ya te lo tiene preparado para el resto de tu vida. O si ya tienes el amor presente en tu vida, ora por la felicidad de ambos para que les permita vivir su amor por siempre mateniéndose unidos sin que nada ni nadie les divida y les salpique de amargura e infelicidad su lazo bendito. Que Dios te bendiga a ti mujer y que te permita vivir el amor en su plenitud junto al hombre que Dios Padre ha dispuesto en tu vida, y que ese hombre te ame y respete, y que te haga sentir una verdadera dama y reina como lo que eres y la más hermosa de la mujeres en este mundo por siempre, por los siglos de los siglos amén, amén, amén.

CONCLUSIONES

Como mujer, probablente has sentido que amar es un prodigio que Dios nos ha otorgado para experimentar el gozo de vivir junto a los demás. En particular, el amor que un hombre siente por una mujer y viceversa, debe ser motivo de celebración porque el amor es un producto de la semilla que Dios ha depositado en nuestros corazones, y estamos permitidos para amar y ser amados intensamente. No obstante, para formalizar una relación con miras al sacramento del matrimonio es menester considerar otras prerrogativas antes de dar un paso adelante. Como mujer, debes poner especial cuidado en ese punto. En una relación entre un hombre y una mujer que deseen matrimoniarse, invariablemente debe existir amor el uno al otro, el cual es el ingrediente principal, sin duda en eso estamos de acuerdo. Pero por si solo el amor no basta para asegurar que esa relación tenga éxito al paso del tiempo. Hacen falta considerar otros muchos factores de compatibilidad entre ambos para tener algo de certeza de como esa relación se comportará en un futuro una vez que se contraigan nupcias. El sacramento matrimonial es algo serio y con lo cual no debes jugar o tomar a la ligera, porque una vez consumado dura por toda la vida. Dice Cristo en Mateo 19, 6: Lo que Dios ha unido, que no lo separe el hombre. Ello significa que una vez contraído el sacramento del matrimonio en pleno acto de conciencia y voluntad, nada ni nadie puede anularlo. Es decir, la disolución del matrimonio es inexistente a la luz de las ordenanzas de nuestro Padre Celestial. Ningún Obispo en ninguna parte del mundo puede disolver el sacramento matrimonial, ni siquiera el Obispo a cargo de la Iglesia Católica, es decir, el Papa.

Nadie tiene potestad para hacerlo porque Cristo es muy claro en su Evangelio al señalar que "¿No habéis leído que el que los hizo al principio, varón y hembra los hizo, y dijo: Por esto el hombre dejará padre y madre, y se unirá a su mujer, y los dos serán una sola carne? Así que no son ya más dos, sino una sola carne; por tanto, lo quer Dios juntó, no lo separe el hombre" Mateo 19, 4 al 6. Siguiendo a Cristo, entonces debemos enfocarnos con mucha claridad en la relación con un hombre desde el principio, es decir, desde que comienzas a conocer a los chicos y alguién te llama la atención con miras para un noviazgo. Es un tiempo de disfrutar en las relaciones interpersonales, pero el contraer formalidad en alguna relación con un joven, debes ser muy cauta, más aún cuando tus sentimientos y los del chico están en juego. El respeto, la honestidad y las decisiones acertadas deben acompañarte cuando de novios se trata. Nadie desea salir dañado en una relación, aunque probablemente ya has tenido tus descalabros y ello te ha puesto más sobreaviso en tus relaciones con los hombres. En cualquier caso, debes entender que para amar la única cosa que debes tener en mente es, disculpándome por lo reiterativo que soy, poner a Dios al frente de tus actos, conectar el corazón con la inteligencia y tomar las decisiones más comprensivas que involucren el respeto por el prójimo, la honestidad y la lealtad a tus principios morales y cristianos. Las cosas bellas del ser humano deben ser compartidas día a día. Un beso, un abrazo, una frase alentadora, un decir "te quiero mucho", una mirada de amor y cariño, un apretón de manos o simplemente una sonrisa que le arranques al corazón y que la dibujes en tu rostro para ese ser especial que amas y para todos aquellos alrededor de tu vida. Dejate llevar por el amor sin comprimirlo ni dosificarlo, y con el tiempo notarás que ese amor se multiplica y ese gozo es maravilloso, y más lo será porque tu vida misma comienza a tener el poder de cambiar la existencia de muchos de los seres queridos en tu entorno, como los panes y los pescados que se multiplicaron por ese amor tan grande que nuestro Padre Cristo Jesús nos ha tenido, nos tiene y nos tendrá por siempre. Entonces vayamos y multipliquemos ese amor porque son muchos los sedientos y necesitados de su esencia. Tú y yo podemos ser la diferencia hoy mismo en alguno de nuestros hermanos. Hagámoslo hoy mismo y estoy seguro que le arrancaremos una sonrisa a nuestro ser querido, pero muy especialmente dibujaremos una espléndida sonrisa en el rostro de nuestro Padre Celestial Cristo Jesús. Te deseo todo el amor en tu vida, y que con este libro te motives a cambiar tu existencia y llevarla por el buen sendero, o bien encuentres o recuperes la fe en ti, el deseo de vivir la vida intensamente, de recuperar tu matrimonio resquebrajado, de retomar las malas decisiones de un pasado complicado y volver a calcular cada paso que das en tu vida para encontrar el verdadero amor. Pero, por sobre todas las cosas, mi mayor deseo es que le entregues a Cristo tu ser, le deposites todas tus ideas y pensamientos, expectativas, ideales, sueños y anhelos, y de que encuentres al verdadero amor de tu vida o de que consolides aquel que ya convive contigo, al mismo tiempo que trabajas activamente buscando la autorealización plena como mujer, esposa, madre, hija, hermana, amiga y en cada papel que te toca desempeñar, y todo esto en el Santo Nombre de Cristo Jesús en quien debes confiar cada paso que das en tu familia y en todos los ámbitos en los que te desenvuelves como miembro de tu comunidad, hasta que Él te llame a su lado y te toque partir a su excelso, suntuoso y maravilloso encuentro. Ahora es tu tiempo y no lo desaproveches. Ama ahora y déjate amar por quien realmente te merece. Se feliz a cada instante y enmienda lo que tengas que enmendar. No hay nada más valioso que la vida que Cristo te regala hoy. Goza cada amanecer, cada persona, cada cosa en tu vida, la salud, el trabajo, la familia, el aire que respiras. Todo es para ti porque Cristo lo ha creado pensando en tu gozo y felicidad. Nada más valioso que Su amor habitando tu corazón para vivir autorealizada y preparada para el viaje final, la partida más hermosa: el vuelo a la vida eterna en la presencia de Dios Todopoderoso

CUANDO ÉL TE LLAME PARA GOZAR DE SU AMOR INFINITO

Sé que estás ahí con la eterna e ilusionada espera de que vendrá. Has esperado mucho pero no te importa porque le amas. Has luchado contra todos, incluso contra miembros de tu familia y, sin embargo, sigues en pie de lucha. Tu amor es tan grande que practicamente lo das todo y no deseas otra cosa en la vida que estar a su lado. Los días se suceden unos a otros como vueltas de página en el libro tu vida, leyendo todas las historias marcadas en tu corazón; la vida, ella misma se te va en un santiamén permaneciendo oculta de entre la sombras en su búsqueda, y aún permaneces esperándolo. Ha llegado al ocaso de tu vida, tus fuerzas han amainado, tus ojos reflejan muchos tiempos idos, pequeños y grandes relatos de vida dulces y amargos que nunca volverán, pero que han quedado tatuados en tu corazón. Ha llegado el tiempo, tu tiempo, es hora de partir, Dios te llama y debes ir, entonces palpitante de la emoción, como si fueses una chiquilla, levantas tu diestra al cielo y estrechas tu propia mano como si alguién más te estrechara a su vez, y al instante ya no estás, has dejado de ser tú para convertirte en otro con naturaleza y propósito distinto; tu rumbo ha cambiado, tus horizontes vuelan por lugares donde al tiempo y el espacio son cosa desconocida. De pronto, te reflejas en la luz, Su presencia inunda el espacio, tu regocijo es pleno, te gozas en Él, no hay palabras, solo amor, alegría, paz y adoración por su maravillosa y excelsa misericordia.